퇴근 후,
술 담그기

퇴근 후,

술 담그기

※이 책은 2014년 출간된 작가의 도서 〈과실주 그리고 칵테일〉을 바탕으로
내용을 개정 및 정리 발췌하였습니다.

퇴근 후,
술 담그기

공태인 지음

R

생활의 즐거움,
내가 담근 술 한 잔

하루 일과를 마친 후 지친 몸과 마음의 스트레스를 풀기 위해 마시는 한 잔 술은 생활 속 작은 즐거움이다. 이제는 술의 주류가 강렬한 알코올 맛에 찡그리며 단숨에 입에 털어넣어 마셨던 고도주(高度酒)에서 부드럽고 순한 저도주(低度酒)로 바뀌고 있다. 여성들이나 젊은 층은 물론 중년층에서도 건강에 대한 관심이 높아지면서 알코올도수가 낮아지고 있는 것이다. 일본에는 '미즈와리(水割り)'라는 술 마시는 방법이 있다. 위스키를 대중화하려고 산토리사에서 만든 음용법인데, 고농도 알코올에 얼음과 물을 넣어 희석하여 마시는 방법이다. 우리나라도 스트레이트보다는 얼음을 넣어 온더록스(on the rocks)로 마시는 사람들이 많아졌다. 물론 맥주에 위스키나 소주를 넣어 마시는 폭탄주 문화도 여전히 사랑받고 있지만 소주에 홍초를 타서 마시거나 건강음료를 섞어서 마시는 등 고도주의 거친 맛보다는 저도주의 부드러움과 다양한 맛을 즐기는 여유가 생긴 것이다.

이처럼 서로 다른 술이나 음료를 섞어서 만든 술을 칵테일이라고 한다. 칵테일은 보통 진, 럼, 보드카 등과 같은 증류주를 기본으로 하고, 여기에 여러 가지 재료로 향과 맛을 낸 리큐어와 음료수를 조합하여 만든다. 리큐어는 각종 열매, 꽃, 뿌리 등 첨가하는 재료에 따라 향과 맛이 다른 술이 얼마든지 만들어진다. 그래서 리큐어를 주재료로 사용하는 칵테일 또한 얼마든지 다양하게 만들 수 있다. 우리나라 가정에는 대부분 리큐어(과실주) 한 종류는 있다. 세계적으로 유명한 리큐어가 아니더라도 매실에 소주를 부어 만든 매실주 등의 과실리큐어나 인삼, 더덕 등의 약재리큐어 말이다. 주위에서 쉽게 구할 수 있는 재료에 소주를 부어 만든 술도 좋은 칵테일 재료가 될 수 있다. 맛이 상큼해서 담근 매실주나 빛깔이 예뻐서 담근 체리주, 몸에 좋아서 하루에 한 잔 마시는 인삼주도 좋다. 내가 담근 술 한 잔 마시는 것도 색다른 경험이자 즐거움이 될 것이다.

공태인

차례
Contents

Chapter 02 향기로움을 술에 담다

차례
Contents

Chapter 03 행복한 마음을 술에 담다

Chapter 04 술에 건강함을 담다

Liqueur

Ch 01
즐거운, 술 담그기

리큐어는 여러 가지를 녹여서 만들었다고 하는 라틴어의 Liquefacere(리케파세르 : 녹는다, 녹이다)에서 유래하였고 나중에 Liqueur(리큐어)로 불리게 되었다. 초기에는 증류주에 각종 약초를 우려내 약으로 사용하였지만 의학이 발달함에 따라 의학적인 용도보다는 기호식품 쪽으로 발전했다. 꿀을 섞어서 편하게 마실 수 있는 리큐어가 개발되고, 점차 과일, 꽃, 잎사귀, 열매씨앗, 뿌리 등은 물론 크림 등의 동물성 재료도 사용해 다양한 리큐어가 개발되었다. 여기에 색소와 향료를 더함으로써 색이 다양하고 향이 독특한 오늘날의 리큐어가 탄생한 것이다.

술의 종류

우리가 즐겨 마시는 술은 소주, 막걸리, 약주, 맥주, 와인, 브랜디, 위스키 등 종류가 참 많다. 다양한 술만큼이나 술을 만드는 방법도 재료에 따라 다르다. 막걸리와 약주는 쌀을 주원료로 하고 누룩이라는 곰팡이를 이용하여 당화와 발효를 시켜서 만든다. 맥주는 보리를 발아시킨 맥아로 만들며, 와인은 과실을 발효시켜 만든다. 이처럼 술을 만드는 방법은 다양하지만 모든 술은 제조 과정에 따라 양조주, 증류주, 혼성주로 나뉜다.

● **양조주** 양조주는 술의 역사로 보면 가장 오래전부터 마셔온 술이다. 쌀, 보리, 밀 등의 곡식을 당화·발효시켜서 만드는 탁·약주, 맥주, 과실의 당분을 이용하여 만드는 와인 등이 양조주에 속한다.

● **증류주** 발효로 만든 양조주를 증류한 것으로 소주(탁·약주), 브랜디(와인), 위스키(맥주), 럼(사탕수수), 데킬라(용설란), 고량주(수수) 등이 있다.

● **혼성주(리큐어)** 양조주나 증류주에 과일, 향료, 약초, 과즙, 당분 등을 첨가해서 만드는 술로 이 책에서 소개하는 술이 여기에 속한다. 첨가하는 재료에 따라 만들어지는 술의 종류는 무궁무진 하다. 자연에서 얻을 수 있는 식용 가능한 재료는 모두 술의 재료가 될 수 있으며 자신만의 방법으로 개성이 강한 술을 만들 수도 있다.

국내의 대표적인 리큐어에는 매실, 인삼, 복분자, 머루 등을 이용한 술이 있으며, 세계적으로 유명한 리큐어에는 오렌지를 주원료로 한 큐라소, 약초나 향초를 이용한 예거마이스터, 커피를 이용한 칼루아, 코코넛을 이용한 말리브 등이 있다.

칵테일에 사용되는 술은 크게 증류주, 양조주, 혼성주로 분류할 수 있으며 부재료로 과즙, 시럽, 향료 등이 사용된다. 증류주는 칵테일의 베이스로 중요하며 위스키, 보드카, 럼, 브랜디, 데킬라가 주로 사용된다. 맥주, 와인 같은 양조주는 칵테일을 부드럽게 마시기 좋도록 도와준다.

혼성주(리큐어)는 칵테일의 미각, 시각, 풍미를 만드는 데 결정적인 역할을 하는 재료로 칵테일의 색과 맛은 리큐어가 좌우한다고 해도 지나친 말이 아니다. 증류주 등에 첨가한 설탕, 과즙, 향신료, 약초, 열매, 꽃 등의 맛과 향이 칵테일의 개성을 만들어가는 것이다.

리큐어의 원리와 종류

● 원리

술에 과실 등을 넣으면 재료의 맛과 향이 술에 녹는데 삼투현상 때문이다. 삼투현상(osmosis)은 농도가 다른 두 용액의 농도가 같아지기 위해 농도가 높은 용액으로 이동하는 것이다. 포도를 예로 들면 포도에 소주를 부어 술을 담글 경우 포도 알맹이는 물, 당 그리고 여러 가지 성분으로 채워져 있고 포도 외부에는 소주의 주성분인 물과 알코올이 있다. 포도 내부의 물과 각종 성분은 외부의 알코올농도와 평형을 이루기 위해 알코올농도가 높은 포도 외부로 이동한다.

● 종류

리큐어는 증류주나 양조주에 여러 가지 과실, 각종 향료, 설탕 등을 첨가하여 만드는 술이므로 첨가하는 재료에 따라 종류가 무궁무진하다.

과실(Fruits) 과실 특유의 향에 당을 첨가하여 새콤달콤한 맛이 특징이다. 오렌지, 레몬, 체리, 베리, 사과, 멜론, 바나나 등을 이용한 수많은 종류의 술이 있으며, 오렌지껍질을 이용한 큐라소가 유명하다. 큐라소(Curacao), 코앙트로(Cointreau), 트리플 섹(Triple Sec), 그랑마니에르(Grand Marnier), 만다린(Mandarine) 등이 있다.

약초·향초(Herbs & Spices) 증류주에 약초를 우려내 약의 대용품으로 사용하면서 리큐어가 시작되었으니 약초나 향초는 리큐어에서 중요하고도 오래된 재료다. 여러 가지 향초와 약초, 꽃 등을 섞어서 만든다. 베네딕틴(Benedictine), 갈루아노(Galliano), 캄파리(Campari), 예거마이스터(Jagermeister) 등이 있다.

씨앗(Seeds) 과일의 씨앗과 견과류 등을 사용한 리큐어로 재료에서 우러나는 은은한 향과 진한 맛이 특징이다. 살구씨로 아몬드의 향을 낸 아마레토(Amaretto), 커피 리큐어인 칼루아(Kahlua), 코코넛 추출물과 럼으로 만든 말리부 럼(Malibu Rum) 등이 있다.

특수 종류(Specialities) 과실, 약초·향초, 씨앗 같은 원료 외의 재료로 만든 리큐어다. 동물성 재료인 크림이나 달걀 등으로 만든 제품이 있다. 베일리스 아이리시 크림(Baileys Original Irish Cream), 애드보카트(Advocaat) 등이 있다.

재료의 선택과 손질

리큐어는 재료의 맛, 향기, 색을 증류주에 침출시켜 마시는 술이므로 재료의 맛과 향에 크게 의존한다. 따라서 술 담글 재료는 맛과 향이 좋고 신선한 것을 사용한다.

● 과일

과일은 향과 맛이 최고조에 이른 것이 먹기에 가장 좋으나 술을 담그는 용도로는 신맛이 나는 완숙 전의 과일도 좋다. 완숙 전의 신맛과 떫은맛이 완숙된 단맛과 어우러져 맛있는 술이 된다. 그러나 모과처럼 향기가 강한 과실은 잘 익어 향이 풍부한 것을 사용하는 것이 좋다.

1 과일은 지나치게 익은 것과 상한 것은 피하고 벌레 먹은 부분은 도려내고 사용한다.

2 오렌지, 귤, 레몬 등과 같은 과일은 과육뿐만 아니라 풍부한 향과 적당한 쓴맛을 위해 껍질도 일부 사용한다. 이때 농약과 먼지 등을 잘 제거해야 한다. 특히 모과, 유자, 레몬 등은 식품용 세제로 깨끗하게 잘 씻는다.

3 껍질을 너무 많이 넣으면 쓴맛이 강해져 오히려 술맛을 해치므로 적당량을 사용하며, 재료를 꺼내는 시기도 기호에 따라 조절한다. 보통 껍질은 1주일 이내에 꺼내는 것이 좋다.

4 재료는 적당한 크기로 잘라서 사용하는데 용기 입구가 커서 재료를 자르지 않고 넣을 수 있으면 그대로 사용해도 된다. 다만 모과 등과 같이 단단한 재료는 침출 속도가 느리기 때문에 적당한 크기로 잘라서 넣는 것이 좋다. 딸기 등과 같이 무른 재료는 자르지 않아도 된다.

리큐어는 재료의 모습만으로도 장식용으로 사용할 수 있으니 가장 잘 어울릴 수 있는 형태로 자른다.

● 꽃

활짝 핀 꽃보다는 갓 핀 꽃이 향이 더 좋다. 꽃은 씻기가 힘들므로 깨끗한 곳에서 채취하여 흐르는 물에 가볍게 씻어서 사용한다. 꽃은 말려서 사용하거나 생으로 사용하는데 말린 꽃은 술에 넣으면 부피가 늘어나므로 생으로 사용할 때보다 적게 넣는다. 꽃술은 향이 일품인 데다 모양도 아름답기 때문에 가능하면 생으로 담그는 것이 좋다.

● 약초, 건재품

약재는 직접 채취하여 담그는 것이 가장 좋지만 한약 건재상에서도 구입이 가능하여 사계절 아무 때나 술을 담글 수 있다. 오미자, 산수유처럼 말린 재료는 물에 씻으면 쉽게 물러지므로 체에 담아 흐르는 물에 가볍게 뒤적거려 씻는 것이 좋다. 씻은 후에는 체에 밭쳐 물기를 빼거나 그늘에서 말린 후 사용한다.

술의 선택과 양

세계 유명 리큐어들의 베이스로는 럼, 위스키, 보드카, 주정 등 다양한 술이 사용된다. 술 자체도 특유의 향과 맛이 있으므로 재료와 잘 어울리는 술을 선택해야 한다. 말리브는 럼을, 베일리스는 아이리시위스키를 사용한 리큐어이다.

유명한 리큐어는 그 지역의 특산물을 이용하는 경우가 많고 오랜 연구 과정에서 얻은 노하우로 만들어졌으므로 재료와 알코올의 궁합을 단정 짓기가 매우 어렵다.

국내에서는 가격이 저렴하고 쉽게 구할 수 있는 소주를 사용하는 것이 좋다. 소주는 가격이 저렴한 장점도 있지만 술 자체의 향미가 거의 없어 재료의 맛과 향을 돋보이게 한다. 담금용으로 판매되는 소주의 알코올도수는 25~35%가 일반적이고, 용량은 1~10*l*로 다양하다. 재료가 한약 건재품이나 꽃처럼 수분이 적은 경우에는 25% 소주를 사용해도 되지만 과실처럼 수분이 많은 경우에는 35% 소주를 사용하는 것이 좋다.

● 재료와 술의 비율

알코올은 삼투현상 등으로 술을 상하게 하는 균이 번식하지 못하게 하며 재료의 향미 성분도 뽑아낸다. 그런데 알코올의 농도가 20% 이하로 내려가면 삼투현상이 약해져 살균력이 떨어짐으로써 각종 유해균이 번식할 수가 있으며,

이에 따라 술의 보존기간이 짧아진다. 정성스럽게 만든 술이 변질되어 마시지 못할 수도 있는 것이다.

유명한 리큐어들의 알코올도수는 말리브 21%, 칼루아 20%, 미도리 23% 등으로 알코올도수가 20~25%이다. 베네딕틴이나 코인트로는 40%로 알코올도수가 높은 반면 크림과 위스키로 만든 베일리스의 알코올도수는 17%로 비교적 낮다. 40% 알코올도수인 리큐어는 보관상 크게 문제가 없지만 17%인 베일리스나 20% 근처인 리큐어들은 변질할 여지가 있다. 그런데 업체에서는 보관할 때 주의사항에서 특별히 냉장 보관을 요구하지 않으며 심한 온도 변화에 주의하라는 정도이다.

수입되는 리큐어를 마셔보면 대부분 강한 단맛이 난다. 잼의 유통기한을 보면 알 수 있듯이 설탕 또한 삼투현상으로 제품의 유통기한을 늘려준다. 물론 재료 중에 맥주의 홉(Hop)처럼 방부 역할을 하는 성분이 있을 수도 있고, 여러 가지 첨가물이 들어 있을 수도 있지만 알코올과 단맛이 강한 감미료가 술의 보존기간을 늘려준다. 수분이 많은 과일로 술을 담글 경우 담근 술의 알코올도수가 20%를 넘기 위해서는 소주와 재료의 비율이 중요한데 간단하게 계산 방법을 알아보자.

먼저 과일의 수분 함량이 중요하다. 수

박과 같이 수분이 많은 과일은 수분 함량이 약 90%가 넘으며 귤, 사과, 복숭아, 포도 등은 80~85% 정도 된다.
계산을 쉽게 하기 위해 몇 가지 가정을 한다.

1 과일의 수분은 85%이다.

2 과일의 수분함량은 부피를 측정하기가 어렵기 때문에 무게로 계산한다. 즉 과일 1kg의 수분은 1,000㎖ ×0.85=850㎖ 라고 계산하면 된다.

35%(사용하는 소주의 알코올도수)×1.8 l(소주사용량)=X%(담갔을 때 전체 알코올도수)×[(재료의 수분량)l+1.8l(소주 사용량)]

위의 계산식으로 계산해보면 35% 술을 사용할 경우에는 술 1.8l에 과일은 약 1kg 이하로 사용하는 것이 좋고, 30% 술을 사용할 경우에는 술 1.8l에 과일은 600g 이하로 사용하는 것이 좋다. 수분이 많은 과일은 위와 같은 비율로 술을 담그면 안전하며 꽃이나 한약재 같은 재료는 수분이 거의 없으므로 25% 소주를 사용해도 별문제는 없다. 그러나 재료를 너무 많이 넣어 재료의 맛과 향이 지나치게 진하거나, 알코올도수가 너무 높을 경우 술에 거부반응을 일으켜 기호도를 떨어뜨릴 수 있다.

맑은 술이 좋다

재료의 유효성분이 알코올에 녹아들면 재료는 건져내고 숙성시킨다. 너무 오랜 시간 침출시키면, 무른 재료는 술의 색이 탁해져 오히려 술맛을 해칠 수 있다. 재료를 건져내는 시기는 재료 종류에 따라 다르다. 매실이나 모과와 같이 단단한 과실과 더덕, 인삼, 오가피 등 뿌리는 오래 두어야 재료의 유효성분이 술에 충분히 우러나온다. 딸기, 파인애플과 같은 무른 재료는 짧은 시간 침출시켜도 충분히 우러나온다.

모과, 매실, 인삼, 더덕, 오가피 등 단단한 재료는 건더기를 거르기도 편하고 술이 맑아서 그냥 마셔도 좋지만 재료가 무르면 술이 혼탁해지는 경우가 많다. 이때 혼탁한 술을 깨끗하게 걸러야 보기에도 좋고 깨끗한 맛을 즐길 수 있다. 단단한 재료는 가볍게 체에 거르며, 무른 재료는 고운 망에 넣고 재빨리 짜내는 방법이 좋다. 망의 재질은 나일론이나 폴리에스테르로 된 것이 좋다.

● 침전
재료를 거른 다음 병에 담아 냉장고에 넣어두면 부유물은 시간이 지나면 바닥에 가라앉는다. 침전은 온도가 낮을수록 빨리 일어나며 맑은 부분만 호스 등을 이용하여 옮기면 된다.

● 커피 여과지
드립커피를 만들 때 사용하는 커피 여과지도 쉽게 구할 수 있고 간편하게 술을 거를 수 있어 좋다. 그러나 침전물의 크기가 작고 당이 많거나 섬유질이 많으면 커피 여과지로는 잘 걸러지지 않는다. 이럴 때에는 나일론 재질의 고운 망으로 짜내듯이 걸러낸 다음 침전시켜 맑은 술만 옮겨 담으면 좋다.

● 여과기
여과기는 종류도 많고 가격대도 천차만별이다. 많은 양을 전문적으로 여과하는 경우가 아니라면 거름종이를 사용하는 간단한 여과기도 꽤 좋은 결과물을 만들어낸다. 하지만 진공펌프와 여과플라스크 같은 도구가 필요할 경우도 있다.

맛있게 마시기

좋아하는 과일이나 귀한 약재로 술을 만들었는데 알코올도수가 높아서 거부감이 들거나 재료의 맛이 강해서 마시기가 힘들 때 얼음 한 조각이나 탄산음료를 조금만 넣어서 마셔보면 '이렇게 맛있었나?'라고 감탄하게 된다. 술을 잘 만드는 일만큼 중요한 것이 맛있게 마시는 방법이다.

집에서 만든 술을 즐기는 방법에는 재료 본래의 맛을 가장 충실하게 느낄 수 있는 스트레이트(그대로 마시는)로 마시는 방법, 얼음을 넣어 부드럽고 시원하게 마시는 온더록스 방법, 여러 가지 술과 음료를 섞어서 칵테일로 마시는 방법 등이 있다. 스트레이트나 온더록스로 마시는 방법도 술을 즐기기에 좋지만 다양한 시럽에 감미료와 천연색소를 넣어 화려한 과실주를 만들어두면 칵테일 전문점에서 마시는 칵테일을 집에서도 즐길 수 있다. 칵테일은 만드는 재미는 물론 마시는 재미도 있으며, 손님 접대용으로도 상당히 매력적이다. 집에서 칵테일을 만들고자 할 때 굳이 유명한 칵테일 제조법을 따라 할 필요는 없다. 본인에게 가장 맛있는 레시피를 만들어가는 것도 큰 즐거움이다. 칵테일 바에서 사용하는 다양한 도구가 없어도 집에 있는 유리컵과 숟가락만으로 충분히 혼합할 수 있으며 맛과 향이 다른 여러 가지 술을 섞는 방법만으로도 색다른 술을 만들 수 있다

● 셰이커, 지거

칵테일은 셰이커와 지거가 있으면 좀 더 쉽게 만들 수 있다. 지거는 칵테일에 들어가는 술이나 음료수의 양을 계량할 때 사용하는 간단한 도구로 크기가 다른 고깔 2개가 서로 맞붙어 모래시계 형태로 생겼다. 일반적으로 작은 고깔/큰 고깔 사이즈가 0.5oz/1.0oz, 1.0oz/1.5oz인 제품을 많이 사용한다. 지거 대신 양주잔을 기본 계량 도구로 사용해도 된다. 칵테일 레시피는 1oz, 2oz, 1/2oz 단위로 되어 있어서 양주잔을 기본으로 1잔, 2잔, 1/2잔으로 계량0하면 된다. 셰이커는 얼음과 칵테일 재료를 넣고 흔들어 잘 섞는 도구다. 컵에 얼음과 재료를 넣고 숟가락으로 젓는 방법보다 빠르고 쉽게 섞을 수 있다. 스테인리스 스틸 제품이 사용하기 편리하며, 용량은 300~700ml 제품을 많이 사용한다.

● 칵테일글라스

칵테일은 맛도 중요하지만, 멋도 중요한 술이다. 특히 고운 빛깔을 자랑하는 형형색색의 재료 덕분에 눈으로 먼저 마시는 술이기도 하다. 그래서 칵테일을 눈으로 마시기 위해 다양하고 아름다운 빛깔을 살릴 투명한 글라스가 필요하다. 색상이 화려한 칵테일을 만들었는데 머그잔에 담는다면 흥이 나겠는가.

칵테일글라스를 구분할 때 드링크 타입에 따르면 편하다. 드링크 타입은 마시는 속도에 따라 '롱 드링크(Long Drink)'와 '쇼트 드링크(Short Drink)'로 구분할 수 있다. 롱 드링크는 오랜 시간에 걸쳐 천천히 마시는 칵테일로 탄산수, 얼음, 물 등을 섞기도 하여 잔의 크기가 큰 편이다. 이런 칵테일은 주로 하이볼글라스에 담아내는데 음료수 잔으로도 사용할 수 있어서 마련해두면 유용하다. 롱 드링크와는 반대로 서너 모금에 마시는 쇼트 드링크 글라스로는 역삼각형에 와인잔처럼 긴 다리가 붙어 있는 마티니 글라스를 많이 사용한다. 마티니 글라스는 5oz(150ml) 정도의 잔을 구입하는 것이 보기도 좋고 사용하기도 편하다.

슈터 글라스는 띄우기 기법으로 만드는 B52 같은 칵테일에 주로 쓰인다. 띄우기 기법의 칵테일은 만드는 재미와 보여주는 재미가 있는 술이니 잔을 몇 개 갖춰놓으면 좋다. 위스키를 스트레이트로 마실 때 사용하는 스트레이트 잔을 사용해도 무방하지만 조금 더 큰 2oz(약 60ml) 정도의 더블 슈터 글라스가 층을 쌓기에 편리하다.

칵테일은 수많은 재료로 개인의 기호와 취향에 따라 혼합하여 만들기에 종류를 셀 수가 없다. 많은 종류의 칵테일을 담아내는 만큼 칵테일글라스도 다양하다. 칵테일을 담아내는 글라스의 모양은 칵테일의 첫인상이기에 어찌 보면 가장 중요할 수도 있다. 하지만 와인잔은 꼭 다리(stem)을 잡아야 한다는 먼 옛날의 답답한 상식처럼 칵테일글라스 선택에 너무 많이 고민하지 말자. 다만, 색과 모양이 화려한 칵테일글라스는 피하자. 잡기 편하고 마시기 편하고 놓기 편한 잔이면 칵테일을 즐기기에 부족함이 없다.

칵테일 만드는 방법

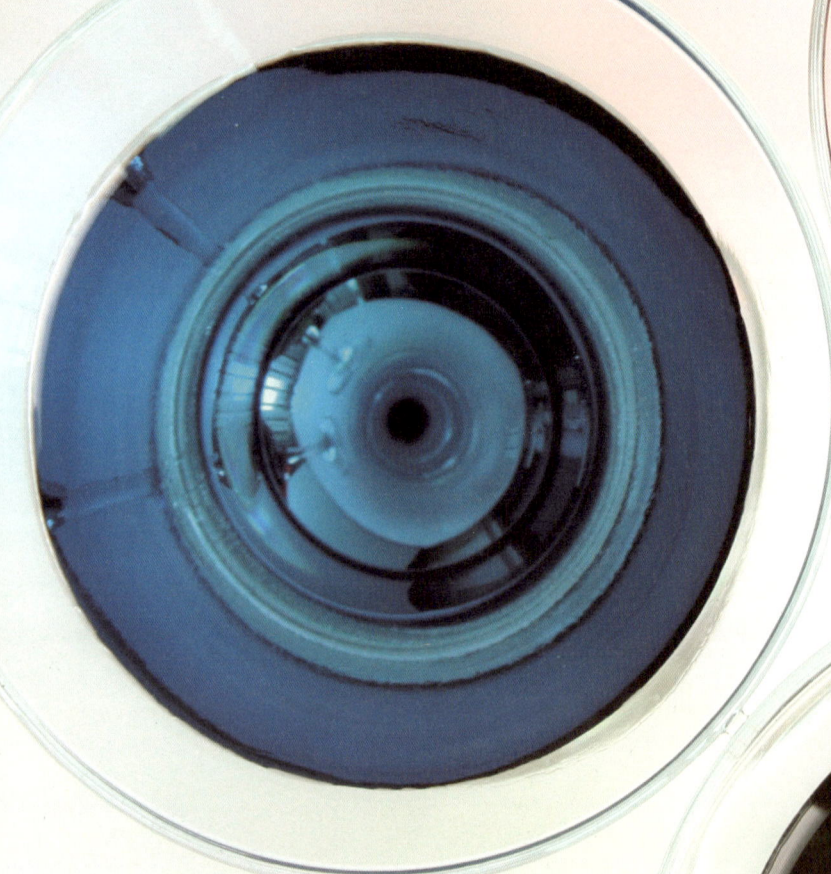

● 흔들기

흔들기(Shaking)는 이름 그대로 흔들어서 만드는 방법이다. 달걀이나 꿀, 유제품 등 쉽게 잘 섞이지 않는 재료를 섞을 때나 도수가 높은 알코올을 희석할 때 유용하다. 얼음과 재료를 같이 넣어 흔드는 과정에서 재료와 공기가 섞여 생기는 거품 덕분에 부드러운 촉감을 만들어내며, 빠르게 냉각해주는 효과도 있다. 얼음이 깨지지 않도록 부드럽게, 잘 섞이도록 흔들어야 하며 숙련도에 따라 맛의 느낌이 달라진다.

휘젓기 블렌딩
직접 넣기 띄우기

● 휘젓기

직접 넣기 방법으로 하기에는 용량이 조금 크고 흔들기를 하기에는 혼합하기 쉬운 재료일 경우에 휘젓기(Stirring)를 사용한다. 믹싱글라스에 얼음과 재료를 넣고 긴 숟가락으로 휘저으면 되지만 강하게 저으면 거품이 생겨 색이 탁해지고, 오래 저으면 얼음이 많이 녹아 술이 묽어진다. 이 방법으로 만든 유명한 칵테일이 '마티니(Matini)'와 '맨하탄(Manhattan)'이다.

● 직접 넣기

직접 넣기(Building)는 칵테일을 만드는 가장 쉬운 방법으로, 셰이커니 믹싱글라스니 복잡한 칵테일 도구가 없어도 칵테일글라스만 있으면 만들 수 있는 방법이다. 글라스에 얼음과 재료를 넣다 보면 자연스럽게 만들어지는 기법으로, 소다수를 섞는 칵테일이나 진토닉(GinTonic)처럼 흔들지 않아도 자연스럽게 섞이는 칵테일을 만들 때 사용한다.

● 블렌딩

블렌딩(Blending)은 믹서기에 재료와 얼음을 함께 넣고 갈아서 만드는 방법이다. 믹서기를 사용하는 이유는 부재료를 곱게 갈기 위해서다. 과일과 얼음을 섞어 슬러시 같은 형태의 칵테일을 만들 때 좋다. 우유처럼 혼합하기 어려운 재료나 거품이 풍부한 펀치류의 칵테일도 쉽게 만들 수 있다.

● 띄우기

띄우기(Floating)는 층을 쌓는 기술로, 술의 밀도, 즉 알코올도수나 당 함량의 차이로 생기는 비중을 이용하여 층층이 쌓는 방법이다. 글라스 안쪽 벽에 숟가락을 기대어 세우고 비중이 무거운 술부터 조심스럽게 따라준다. 다음 층부터는 천천히 따라야 섞이지 않고 깔끔한 층이 생기는 칵테일을 만들 수 있다. '비 오십이(B-52)' 등을 만들 때 이 방법을 사용한다.

식초 만들기

식초는 예부터 우리 식생활에서 다양하게 이용되어온 발효식품이다. 최근 식생활 문화가 향상되고 건강에 대한 관심이 높아지면서 식초는 조미료라는 개념에서 벗어나고 있다. 음료수 마시듯이 물에 식초를 타서 마시는 일은 이제 평범한 식습관이 되었으며, 독한 소주에 식초를 타서 부드럽게 마시는 칵테일도 평범한 술 음용 방법이 되었다. 식초는 초산발효로 만들어지며, 주성분인 초산아세트산에 각종 유기산, 당류, 아미노산, 에스테르 등이 함유되어 있는 대표적 알칼리식품이다. 알코올발효는 산소가 없는 상태에서 효모가 포도당을 이용하여 알코올을 만드는 것이고, 초산발효는 산소가 있는 상태에서 초산균이 알코올을 이용하여 초산을 만드는 것이다. 그러므로 막걸리식초든 과일식초든 식초를 만들려면 먼저 알코올을 만들어야 한다. 술이 잘 만들어져야 좋은 식초가 만들어지기 때문에 식초는 양조와 매우 밀접한 관련이 있다.

식초는 초산균이 알코올을 이용하기 때문에 알코올 발효 과정을 생략하고 과일과 같은 원료에 주정을 넣어 간편하게 만들 수도 있다. 이 방법으로 만든 식초가 양조식초이다. 이전에는 빙초산에 첨가물을 넣은 합성식초도 있었지만, 이제는 생활 수준이 향상되고 건강에 대한 관심이 높아지면서 첨가물을 넣지 않고 100% 과실이나 곡물을 알코올발효와 초산발효를 시켜 만드는 천연 양조식초가 각광을 받고 있다. 두 가지 발효과정에서 초산뿐만 아니라 다양한 향기 성분과 맛 성분, 몸에 유익한 성분이 만들어진다.

초산균Acetobacter은 알코올 농도가 6~8% 정도인 것을 좋아한다. 그래서 과일이나 곡물로 천연식초를 만들 때에는

알코올발효를 시킨 다음 알코올 농도가 높으면 물을 첨가해서 알코올 농도를 6~8%로 낮춘 뒤 용기 입구를 천으로 감싸 공기가 통할 수 있도록 놔두면 초산발효가 일어난다.

재료 사과 350g, 소주 1병

과실주는 보통 30~35% 소주를 부어서 만들기 때문에 과실로 만든 술의 알코올도수는 수분을 고려하면 20% 정도 된다. 과실주의 알코올도수가 20%라 가정하면 물을 1.5~2배 넣어주면 된다. 즉 술이 1ℓ라면 물을 1.5~2ℓ 넣어 희석해주면 알코올도수가 6~8% 정도 되어 초산발효가 일어나기 좋은 조건이 된다. 다만 물을 많이 넣으면 밋밋한 식초가 될 수 있다. 과실주를 도수가 낮은 소주로 담그면 희석하지 않고도 식초를 만들 수 있다. 사과 350g 정도에 16.8% 소주 1병을 넣으면 8~10% 알코올이 되므로 물로 희석하지 않아 좀 더 맛있는 식초를 만들 수 있다. 물론 과일의 즙으로 와인을 만든 다음 초산발효시켜 만드는 식초가 더 좋다.

1 사과 350g, 소주 16.8% 1병을 준비한다.

2 용기에 사과를 넣고 소주를 붓는다. 사과는 얇게 썰어 침출이 빨리 일어날 수 있게 한다.

3 용기를 밀봉하고 1~2주일 정도 둔다.

4 커피여과지로 사과를 걸러내고 공기 중의 초산균이 들어갈 수 있도록 충분히 젓는다.

5 벌레가 들어가지 못하게 고운 망으로 입구를 막아 보관한다. 시간이 지나면서 점차 초산농도가 높아져 식초가 된다.

Liqueur

Ch 02
향기로움을
술에 담다

봄이면 산천에 많은 꽃이 피어나고 나무에는 과실이
열린다. 아름다운 자연의 꽃과 과일을 온전히 술로
담아낸다는 것은 참 설레는 일이다. 작은 유리병에
담긴 자연을 감상하고, 향을 맡고, 맛을 음미하는 일
은 참 즐거운 일이다.

매화주

시기 3월

재료 매화, 소주 25~35%(매화의
3~4배)

1 매화는 꽃잎의 모양이 살아있게
조심해서 따야 화사함을 느낄 수
있다. 가능하면 깨끗한 곳에서 채
취하고, 흐르는 물에 조심스럽게
씻어 꽃잎이 상하지 않게 한다.

2 용기에 매화를 1/3~1/4 정도만
채우고 소주로 용기의 입구까지
채운다(매화꽃은 수분이 없기에
25% 소주를 사용하여도 좋다).

3 매화는 숙성되면서 꽃잎의 화사
함이 더 생생하게 살아난다. 나중
에도 꽃잎을 그대로 두어 장식용
으로 사용해도 좋다.

섬진강을 가운데 두고 마주한 전남 광양시와
경남 하동군은 대표적인 매실 산지이다. 매
실은 어느 집에서나 매실청을 담가 음료수로,
음식 조미료로 사용할 만큼 대중적인 열매이
다. 매화는 매실나무의 꽃으로, 열매만큼은
아니지만 향기를 머금은 화사함에 조금씩 관
심이 커지고 있다. 중국의 약학서인 『본초강
목』에는 "매화의 꽃잎이나 꽃망울은 그 맛이
시고 독이 없어 피를 맑게 하고 독을 없앤다.
흰 매화의 꽃잎을 빻아서 입술에 붙여 종기
를 없애거나 갈라진 곳의 출혈을 막기도 한
다. 매화 꽃망울 달인 것을 마시면 갈증을 없
애준다"라고 나와 있다.
매화는 남쪽 지방에서는 2월 초순에 피기 시
작해 보통 3월 초에서 4월 초까지도 핀다. 매
화는 빨리 지니 서둘러야 꽃을 딸 수 있다.
매화주는 술이 익어가면서 매화가 술에 녹아
든 모습이 매우 아름다우며, 매실보다 더 진
한 향기가 매력적이다.

| 마시는 방법 | 술 속에 피어 있는 매화는 품격 있
는 아름다움을 갖고 있으며 향 또한 환상적이다. 입
구가 넓은 잔에 매화주를 1/3 정도만 따르고 향을
음미하면서 몇 번에 나누어 마셔보자. 알코올도수가
부담된다면 차갑지 않은 물을 조금 넣어 희석해 마
시는 것도 좋다. 안주는 매화의 향과 맛을 방해하지
않는 것을 선택하는 것이 좋다. 담백한 치즈나 견과
류가 잘 어울린다. 수분이 많아 알코올 도수를 낮
춰주는 수박, 멜론 등 계절에 맞는 신선한 과일이나
달콤한 드레싱을 얹은 샐러드도 좋다.

민들레주

시기 4~5월

재료 민들레꽃, 소주 30~35%(민
들레꽃의 3~4배)

1 민들레는 줄기부분을 잘라내고,
꽃부분만 체에 밭쳐 흐르는 물에
씻은 후 가볍게 털면서 물기를 뺀
다. 가능하면 그늘에서 말린 후에
담그는 것이 좋다.

2 민들레꽃을 용기의 1/4 정도 넣
고 나머지는 소주를 부어 채운다.

3 소주를 부은 후 용기를 잘 밀봉
해서 보관한다.

4 2개월 정도 지나면 호박색 술이
되는데 건더기는 체에 밭쳐 건져
낸다.

5 거른 술은 병에 담아 밀봉하여
보관하며 좀 더 숙성시킨 후 마시
는 것이 좋다.

민들레는 도시에서든 농촌에서든 길을 가다
가 고개를 돌리기만 해도 노랗게 활짝 피어
반갑게 맞아주는 친근한 꽃이다. 민들레는
봄부터 꽃을 피우는데 여름이 되어도 여전히
피고 지고 또 피어나 신기하기도 하다. 국내
에서 자라는 민들레는 크게 자생토종민들레
와 유럽이 원산지인 서양민들레로 나뉘는데,
산골이나 시골에서 가끔 보이는 민들레 외
에 대부분은 서양민들레이다. 토종민들레는
서양민들레에 비해 약간 연한 노란색의 꽃이
4~5월에만 핀다. 서양민들레는 주로 봄에 피
지만 여름과 가을까지도 피며, 바깥쪽 꽃받침
이 뒤로 젖혀지는 것이 토종민들레와 큰 차이
점이다.

민들레는 잎은 물론 꽃, 줄기, 뿌리를 모두 먹
을 수 있다. 연한 잎은 나물로 먹으며 뿌리는
잘게 썰어 말려서 볶은 다음 차로 마신다. 열
을 내리고 피를 맑게 해서 한방에서는 기관
지염 등의 약재로 사용한다. 민들레로 담근
술은 민들레 특유의 쌉쌀한 맛이 기분을 좋
게 한다.

| 마시는 방법 | 민들레주는 국화주와 맛과 향이 비
슷하다. 쓴맛과 쌉쌀한 맛이 매력적이지만 쓴맛이
부담된다면 차갑게 희석해 마셔도 좋다. 입구가 넓
은 잔에 얼음을 넣어 돌려 잔을 차갑게 식힌 다음
얼음을 버린다.

그 잔에 민들레주를 넣고 얼음을 넣은 후 몇 차례
돌려준다. 여기에 민들레주의 2배 정도 되는 시원한
물을 넣어 다시 한 번 저으면 된다. 새콤달콤한 과
일주스나 톡 쏘는 탄산음료수와 칵테일하는 방법도
좋다

아카시아꽃주

시기 5월

재료 아카시아꽃, 소주 30~35%
　　　(아카시아꽃의 2배)

1 아카시아꽃은 송이째 그대로 채
취하여 담그면 편하다. 깨끗한 곳
에서 채취하여 먼지 정도만 가볍
게 털어내고 술을 담근다.

2 준비한 용기에 아카시아꽃을 반
정도만 넣고 나머지 부분은 소주
를 부어 채운다.

3 1개월 정도 지나면 건더기는 건
져낸다.

많은 사람이 아카시아라고 부르는 이 나무
의 정확한 이름은 아카시나무이다. 아카시나
무의 원산지는 북미로 알려져 있으며 1900년
초 국내에 들어왔다. 국토가 민둥산이던 시절
에 아카시나무는 중요한 땔감이었으나 일제
강점기 총독부의 산림정책에 대한 거부감으
로 아직도 홀대받고 있는 것 같다. 아카시나
무는 왕성한 번식력으로 우리나라 소나무 자
리까지 파고들어 수목 질서를 교란하는 주범
으로 알려져 있지만, 국내에서 자생하는 아
카시나무의 수명은 40~50년이어서 생태계를
심하게 교란하지는 않는다고 한다.
아카시나무의 꽃에는 향기 좋은 꿀이 듬뿍
들어 있는데 아름다운 색과 고급스러운 맛
으로 벌꿀의 여왕이라고 불릴 정도로 인기가
많다. 아카시아꽃이 활짝 피어 향기와 꿀이
약해지기 전에 술을 담그는 것이 좋다.

| 마시는 방법 | 꽃술은 대개 맛보다는 향으로 즐기
지만 아카시아 꽃술은 향기도 좋고 맛도 좋다. 먼저
스트레이트 잔에 차갑지 않은 아카시아 꽃술을 담
아 단숨에 들이켜 알코올의 알싸한 맛과 꿀맛의 여
운을 느껴보자. 그리고 입구가 넓은 잔에 술을 1/3
정도 담아 잔에 넓게 퍼진 술의 표면에서 올라오는
향을 느끼면서 조금씩 나누어 마셔보자. 좀 더 여성
적인 부드러움을 원한다면 잔 벽면에 아카시아꿀을
바르고 얼음을 몇 개 넣어 마시는 방법도 있다.

딸기주

시기 3~5월, 사계절

재료 딸기 1kg, 소주(35%) 1.8ℓ, 설
탕 200~300g, 레몬 또는
귤 1개

1 딸기는 그대로 넣어도 좋고, 반
으로 잘라서 넣어도 보기 좋다.

2 레몬은 껍질을 벗긴 후 알맹
이만 사용한다. 용기에 딸기 1kg,
35% 소주 1.8ℓ, 레몬 1개를 넣고
설탕을 좀 많이 넣는 것이 맛이
좋다.

3 2주 정도 지나면 건더기는 건져
낸다.

지역 특산물 농가에서는 체험농장을 열고 다
양한 이벤트로 관광객을 모은다. 그중에 딸기
체험농장도 많다. 3~4월경 하우스 농가에 1
만 원 정도 체험비를 내면 딸기 한 팩을 받고
딸기를 직접 따서 먹을 수 있다.

딸기는 풍매화꽃가루가 바람에 운반되어 수정되는
꽃이지만 하우스에서는 꿀벌로 수정해 주는
데 정작 딸기꽃에는 꿀이 없어 벌통에 꿀을
넣어주어야 한다. 꼭지 부분의 잎들이 위로
올라간 딸기가 맛있는데 술을 담그는 딸기는
잘 익은 것이 좋다. 딸기로 만든 술은 딸기의
향이 강하고 색 또한 아름답지만, 신맛이 부
족하므로 레몬이나 매실을 조금 넣으면 더
맛있다.

| 마시는 방법 | 딸기주는 맛보다 향이 강한 술이다.
그래서 감미료를 많이 넣어 달콤하게 만들면 좋다.
먼저 화끈한 알코올의 즐거움과 딸기향의 화사함을
느껴보고 싶다면 딸기주를 냉장고에 넣어 차갑게
한다. 그리고 스트레이트 잔에 따라서 단숨에 입에
털어넣으면 딸기향이 강하지 않으면서 은은하게 알
코올과 어울린다. 더운 여름에는 음료수 잔에 얼음
을 채우고 딸기주를 스트레이트 잔으로 2~3잔 넣
은 다음 탄산음료를 넣어 잘 저으면 톡톡 쏘는 청
량감에 딸기향이 섞여서 맛이 좋은 칵테일이 된다.
여기에 생딸기를 갈아서 넣으면 더 좋다.

Section 05 앵두주

시기 6월

재료 앵두 1kg, 소주(35%) 1.8ℓ, 감
미료 200~300g

1 앵두는 알알이 따서 잘 씻은 후
체에 밭쳐 물기를 뺀 다음 사용한
다. 앵두는 신맛과 단맛이 어우러
져 있지만 감미료를 첨가하면 더
욱 맛있는 술이 된다.

2 용기에 앵두 1kg, 소주 35% 1.8
ℓ, 감미료를 넣은 후 잘 밀봉하여
직사광선이 비치지 않는 서늘한
곳에 보관한다.

3 2~3개월이 지나면 마실 수 있
다. 앵두는 그 모습이 매우 예쁘
고 재료가 단단하여 술이 탁해지
지 않으므로 건더기를 건져내지
않고 장식용으로 보관해도 좋다.

앵두는 크기가 작은데다 씨앗도 커서 씨를
발라내면 입안에 남는 것이 별로 없지만 새
콤한 과즙은 다른 어떤 과일보다 맛있다. 앵
두가 새빨갛게 익어가면 그 자태는 고혹적이
기까지 하다. 그래서 앵두나무는 남의 손이
타지 않을 만한 집 뒤뜰이나 잘 보이지 않는
곳에 심었다. 앵두나무는 크지 않고 과일나
무 중에서 잔가지가 많은 편이며 열매가 많
이 열린다. 한 나무에서 많은 양을 채취할 수
있다. 앵두는 크기가 작아서 따기 힘들며 씨
가 커서 먹을 것도 없으니 오히려 술의 재료
로 제격이다.
앵두는 직접 채취하지 않으면 얻기가 어렵지
만 제철인 6월에 대형마트에서도 가끔 판매
하고 재래시장에서도 구입할 수 있다. 앵두는
출하 기간이 짧기 때문에 출하 시기인 6월경
에 서둘러야 술을 담글 수 있다.

| 마시는 방법 | 앵두주는 설탕을 많이 넣어 만들면
색이 예쁘고 맛도 새콤달콤한 술이 된다. 차갑게 한
술을 스트레이트 잔에 따라 단숨에 마셔도 좋고,
입구가 넓은 온더록스 잔에 따라 향을 최대한 즐기
면서 홀짝홀짝 마셔도 좋다. 얼음을 넣어 입안에 앵
두향이 시원하게 퍼지도록 해도 좋다. 온더록스로
마실 때는 각얼음보다는 한 덩어리로 된 큰 얼음이
천천히 녹고 멋도 있다. 큰 얼음은 종이컵에 물을
2/3 정도 담아 얼린 다음 송곳으로 모서리 부분을
둥글게 다듬어 만든다. 이렇게 만든 큰 얼음을 크기
가 큰 만큼 녹아 나오는 물의 양이 많지 않아서 희
석되는 정도가 덜해 더 강렬한 맛을 느낄 수 있다.
시간이 지나면 조금씩 흘러나온 물에 술이 희석되
면서 조금씩 부드러워지는 술맛을 느끼는 것도 즐
겁다.

Section 06

살구주

시기 6~7월

재료 살구 1kg, 소주(35%) 1.8ℓ, 설탕 400~500g

1 살구는 완숙 직전의 단단한 것을 구입해 물에 잘 씻은 후 깨끗한 수건으로 물기를 닦아낸다. 살구는 반으로 잘라 사용해도 되지만 용기의 입구가 넓으면 자르지 말고 그대로 담그는 것이 보기에 좋다.

2 용기에 살구 1kg과 35% 소주 1.8ℓ를 붓고 설탕을 넣는다.

3 용기는 잘 밀봉해 서늘한 곳에 둔다.

살구나무는 중국이 원산지이나 우리에게는 복숭아, 자두와 함께 친숙한 과일이다. 매실나무가 매향梅香을 즐기는 선비들의 나무라면 살구나무는 질박하게 살아온 서민들과 함께한 나무라고 하는데, 이는 춘궁기가 막바지인 초여름에 열매가 잔뜩 열리고 씨앗인 행인은 약으로 쓸 수 있어서이다. 살구는 매실과 아주 비슷하게 생겼다. 이런 비슷한 생김새를 악용하여 매실 가격이 비쌀 때 풋살구를 매실로 속여서 파는 일도 있었다. 딱딱한 핵과가 과육과 잘 분리되면 살구이고 잘 분리되지 않으면 매실이라고 보면 된다. 살구는 배고픈 시절에는 향수를 불러올 만큼 친숙한 과실이었지만 요즘에는 사과, 복숭아, 자두처럼 많이 먹는 과일은 아니다. 과일 맛은 입맛을 자극하지 않지만 술로 담가 마시면 그 맛이 확 달라진다. 술을 담글 때는 너무 익은 것보다는 완숙 직전의 단단한 열매를 사용한다.

| 마시는 방법 | 아마레토(Amaretto)라는 리큐어는 아몬드 리큐어이지만 살구씨를 사용하여 살구의 향과 맛을 낸 리큐어이다. 이 리큐어와 스카치위스키를 섞으면 '갓파더(God father)'라는 유명한 칵테일이 된다. 살구주는 새콤달콤하여 얼음만 몇 개 넣어 마셔도 기분이 좋아지지만 갓파더 칵테일을 응용하여 마시는 방법도 괜찮다. 입구가 넓은 온더록스 잔에 얼음 몇 개를 넣고 위스키 1잔과 살구주 1잔 그리고 꿀이나 시럽을 넣고 잘 저으면 살구 향이 솔솔 피어나면서 위스키에서 풍기는 오크 향과 단맛이 잘 어우러져 꽤 맛있는 칵테일이 된다.

Section 07 　오디주

시기 6월

재료 오디 1kg, 소주(35%) 1.8ℓ, 레
　몬 1개, 감미료 200~300g

1 오디는 씻을 수가 없으니 그대
로 사용한다.

2 용기에 오디 1kg과 감미료를 넣
은 후 레몬을 첨가한다. 레몬은
껍질을 벗긴 후 알맹이만 이등분
하여 용기에 넣는다.

3 35% 소주 1.8ℓ를 부은 후 밀봉
하여 직사광선이 비치지 않는 서
늘한 곳에 둔다.

4 1개월이 지나면 오디는 여과용
망에 넣고 짜낸다. 짜낸 술은 많
이 탁하지만 색이 진해 잘 구분되
지 않는다. 냉장고에 넣어 침전되
면 맑은 부분만 따라내어 보관한
다.

열매인 오디는 단맛과 향이 좋아 즐겨 먹으
며, 잎은 누에의 먹이로, 나무껍질은 염료로,
목재는 뒤틀림이 적어 가구나 악기 등의 재
료로 그리고 뿌리와 껍질을 벗겨 말린 상백
피는 약재로 쓰인다. 재래종 뽕나무인 꾸지
뽕나무는 암에 특효가 있다고 하여 꾸지뽕
나무 껍질에 물을 넣고 달여 마시기도 한다.
그래서 뽕나무는 버릴 게 하나도 없다. 뽕나
무 열매인 오디는 하나하나 따야 하는데 일
단 따면 쉽게 물러져서 운송과 보관이 어렵
다. 그래서 산지에서는 오디를 따자마자 얼려
서 냉동상태로 보내준다. 오디는 술로도 담가
먹지만 설탕을 넣고 잼이나 오디청도 만들어
먹는다. 오디청을 만들고 남은 오디 찌꺼기에
소주를 부어 오디주를 만들면 달콤한 오디주
가 된다. 오디를 꽉 짜서 거른다고 해도 그대
로 버리기에는 아까우니 소주를 부어 한 번
더 우려먹는 것이다.

| 마시는 방법 | 오디는 쉽게 구입할 수 있는 열매
는 아니다. 산지에서 따자마자 냉동시켜 택배로 받
는 방법이 일반적이라 생 오디의 맛을 표현하기가
애매하다. 오디는 산딸기, 복분자와 함께 베리류에
속하는 과실로 산딸기 맛과 비슷하면서 포도 맛도
난다. 그래서 오디주는 냉각하지 않은 술을 입구가
넓은 온더록스 잔에 조금 따라서 술이 잔 벽을 타
고 흐를 수 있도록 가볍게 돌려준 다음 최대한 향
을 느껴보고 맛을 감상하는 방법이 좋다. 오디주의
맛과 향이 그려진다면 얼음을 첨가하거나 소다수를
넣어 청량감을 더해서 마시는 방법 등 다양한 방법
으로 기호에 맞게 칵테일로 즐기면 좋다.

매실주

시기 6월

재료 매실 1.5kg, 소주(35%) 1.8ℓ, 감미료 500~700g 술을 담글때는 청매로 열매가 단단한 것을 사용한다.

1 매실은 물에 깨끗하게 씻은 다음 그늘에 물기를 말려서 사용한다.

2 용기에 매실 1.5kg, 35% 소주 1.8ℓ, 감미료를 넣고 밀봉하여 직사광선이 들지 않는 곳에 보관한다.

3 가능하면 1년간 숙성한 후에 마시는 것이 좋다.

배가 살살 아플 때 매실청을 물을 타서 마시면 개운해진다. 그래서 매실이 나오는 5~6월이면 청매실을 설탕에 절여 매실청을 많이 만든다. 매실은 효능이 다양하여 이름도 여러 가지다. 덜 익은 청매는 주로 매실청이나 침출주를 만들 때 사용하고, 노랗게 잘 익은 황매는 와인과 같은 술을 빚을 때 사용하면 좋다. 청매를 짚불에 말린 것은 오매, 소금물에 담갔다가 햇볕에 말린 것은 백매, 증기에 찐 다음 말린 것은 금매라고 한다. 알칼리성 식품인 매실은 유기산 함량이 높고 각종 미네랄 성분도 풍부하여 차, 술, 주스 등의 음료뿐만 아니라 건강보조식품도 다양하게 출시되고 있다.

| **마시는 방법** | 매실주는 가정에서도 많이 만들어 왔으며, 주류업체에서도 매실을 이용한 다양한 술을 판매하고 있어 국내에서는 대중적인 술 중 하나이다. 매실주는 매실의 향보다는 새콤달콤한 독특한 맛을 느낄 수 있는 스트레이트나 온더록스로 마시는 것이 좋다. 스트레이트로 마실 때는 매실의 거친 맛을 눌러줄 수 있게 술병을 차게 하는 것이 좋다. 칵테일로는 보드카나 위스키와 잘 어울리며 탄산수를 넣어 청량감 있게 마셔도 좋다.

버찌주

시기 6월

재료 버찌 500g, 소주(35%) 1.8ℓ

1 버찌 열매는 가볍게 잡고 돌려서 따면 쉽게 채취할 수 있다.

2 용기에 버찌 500g, 35% 소주 1.8ℓ를 붓고 잘 밀봉하여 보관한다.

3 3개월이 지나면 건더기를 건져낸다.

봄을 화려하게 장식하는 꽃나무로는 벚나무를 빼놓을 수 없다. 벚나무의 꽃은 꽃봉오리가 열리기 시작해서 1주일 정도밖에 안 가지만 꽃이 떨어질 때는 작은 꽃잎 다섯 장이 하나하나 떨어지므로 그 모습이 장관이다. 그래서 꽃나무에서 피워내는 꽃을 일일이 헤아려본다면 그 어떤 나무의 꽃과도 비교할 수 없을 만큼 많고 화려하다. 벚나무의 목재는 탄력있고 조직이 치밀해서 건축내장재로 쓰여왔다. 특히 팔만대장경의 60% 정도가 산벚나무로 만들어졌다고 한다.

버찌는 벚꽃나무의 열매로 화려한 꽃이 지고 나면 열리기 시작하는데, 붉은색에서 검은색으로 익어간다. 버찌는 벚꽃의 화려함에 가려 제 가치를 인정받지 못하고 있는데, 생리활성 효과가 높은 안토시아닌이 풍부하여 음료수로도 개발되고 있다. 술을 담글 버찌는 깨끗한 곳에서 채취하는데, 열매가 작고 알알이 따야 하므로 시간이 오래 걸린다. 이때 터져서 옷에 묻으면 잘 지워지지 않으니 조심해야 한다. 버찌는 깊고 은은한 맛과 향이 일품이지만 신맛이 부족하니 덜 익어 붉은색인 것도 같이 넣으면 좋다.

| 마시는 방법 | 버찌의 향은 독특하면서도 매력적이다. 강하지 않으면서 은은한 향과 제법 묵직한 맛이 난다. 입구가 넓은 온더록스 잔에 차갑지 않은 버찌주를 조금 담고 흔들어주면 버찌의 은은한 향이 잘 느껴진다. 여기에 깨끗한 물을 몇 방울 떨어뜨리면 향이 더욱 풍부해진다. 버찌는 주위에 흔하게 널려 있는 과실과는 맛이 다르니 버찌가 익어가는 6월에 꼭 만들어보자.

자두주

시기 7월

재료 자두 1kg, 소주(35%) 1.8ℓ, 레몬 1/2개, 설탕 약간

1 자두는 새콤달콤한 맛이 나는 것을 구입한다. 자두를 물에 깨끗하게 씻은 후 수건으로 물기를 닦아낸 후 용기에 담고 35% 소주 1.8ℓ와 기호에 따라 설탕을 넣는다.

2 자두의 신맛이 부족하다고 생각되면 레몬을 넣는데 껍질은 벗겨내고 과육만 이등분하여 넣는다.

3 3개월 정도 지나면 건더기를 건져내고 술이 탁하면 냉장고에 1~2일 보관하여 찌꺼기를 침전시킨 후에 맑은 술만 따라 보관한다.

자두나무는 따스한 봄날에 잎보다 먼저 하얀 꽃을 피운다. 그래서 옛사람들은 복숭아와 함께 봄을 상징하는 오얏꽃에 대한 시를 많이 썼다. 자두는 빛깔이 짙은 자주색 자두, 연초록색으로 과육이 단단하면서 크고 과즙이 많은 자두, 과육이 피처럼 붉은 피자두 등 종류가 많다. 술을 담그기에는 어떤 종류라도 괜찮지만 너무 익어 무른 자두보다는 단단하고 신맛이 적당히 있는 자두로 담가야 맛이 있다.

| 마시는 방법 | 자두는 종류가 다양하고 맛이 다르기에 술맛과 색도 종류마다 다르다. 새콤달콤한 자두로 만든 술은 얼음 몇 개만 넣어 시원하게 마시면 좋다. 좀 더 청량감을 원한다면 하이볼 잔에 얼음을 채우고 자두주를 1/3 정도 담은 뒤 나머지는 소다수로 채워서 마시면 된다. 달콤한 청량감이 좋다면 사이다 같은 탄산음료를 넣으면 된다.

복분자주

시기 6~7월

재료 복분자 1kg, 소주(35%) 1.8ℓ, 설탕 500g

1 복분자는 씻지 않고 술을 담근다. 복분자 1kg을 용기에 담고 감미료 500g과 35% 소주 1.8ℓ를 부은 후 밀봉하여 직사광선이 비치지 않는 곳에 보관한다.

2 2개월이 지나면 복분자는 여과용 망에 넣어 가볍게 짜면서 거른다. 건져낸 복분자에 다시 소주 약 0.5ℓ를 붓는다. 복분자는 두 번 우려내도 맛과 향이 충분하다.

3 1개월 정도 지나면 재탕한 복분자는 여과용 망에 넣어 짜면서 거른다.

4 처음 받아낸 복분자술과 재탕한 복분자술을 섞은 후 냉장고에 1~2일 보관하여 찌꺼기를 침전시킨다. 맑은 부분만 따라내어 다른 병에 담아 밀봉해서 보관한다

복분자覆盆子라는 말은 한방에서 사용하는 용어로 나무딸기류의 덜 익은 열매를 쪄서 말린 한약재를 말한다. 한자는 엎어질 복覆자에 동이 분盆자인데, 동이 분盆을 요강 분盆이라고도 한다. 복분자술을 마시면 힘이 좋아져 요강이 뒤집힌다는 이야기가 있다. 『동의보감』에는 복분자딸기의 미숙과는 강정 및 간 보호에 효능이 있고 눈을 밝게 하며, 기운을 돋고 성 기능을 높여주며, 흰머리를 검게 해주는 효능이 있다고 했다. 복분자는 따는 순간 물러지면서 발효가 진행되기 때문에 산지에서는 따자마자 냉동해서 택배로 보내준다. 복분자 출시 시기가 장마철과 겹치는 경우가 많아서 하우스재배 복분자가 아니면 장마가 시작되기 전에 구입하여야 맛이 좋다. 복분자는 오디처럼 한번 술 만들고 버리기에는 아까운 재료이다. 건져낸 재료에 다시 술을 붓고 두 번 우려내도 좋지만, 설탕을 넣어 복분자 청을 만들고 남은 복분자 찌꺼기에 소주를 부어서 술을 만들어도 훌륭한 복분자술이 만들어진다.

| 마시는 방법 | 복분자는 다른 과실에 비해 산도가 높지만 먹기에는 부담이 느껴지지 않는다. 복분자는 남성적인 강렬함과 여성적인 부드러움을 동시에 갖고 있다. 짙은 자줏빛에 맛이 강렬하지만 부드러운 뒷맛과 은은한 향이 입안을 감싸는 부드러움도 지녔다. 복분자술은 삼겹살과 같은 기름기 많은 음식과도 잘 어울린다. 술을 시원하게 하여 스트레이트로 마시는 방법이 복분자의 강렬함과 부드러움을 느끼기에 안성맞춤이다. 더운 여름에는 얼음을 갈아서 탄산수와 섞어 마시면 청량감을 느낄 수 있으며, 단순하게 막걸리와 섞어 마셔도 잘 어울린다.

special
아미그달린 걱정은 이제 그만!

매실이나 살구로 술을 담그거나 설탕을 넣고 청을 만들 때, 사람들 사이에 논쟁거리가 있다. '씨앗을 빼내고 담그는 것이 좋다', '씨에는 독이 있으니 오래 침출시켜서는 안 된다', '씨의 독은 화학작용으로 중화되니 괜찮다.' 이런 논쟁은 열매의 씨에 있는 독성물질인 아미그달린 때문에 생겨났다.

아미그달린amygdalin은 살구, 복숭아, 매실 등 핵과류의 열매에 있는 시안화합물로 씨에는 대부분 들어 있고 미숙과에서는 씨는 물론 과육에서도 검출된다. 아미그달린은 β-글루코시다아제β-glycosidase라는 소화효소에 의해 시안화수소산HCN과 카르보닐화합물로 분해된다. 시안화수소산은 속칭 '청산'으로 세포 내에서 에너지 생산과 관련 있는 시토크롬 산화효소와 결합해 ATP 생성과 산소 이용을 방해함으로써 결국 급성독성을 나타내게 된다. 과육에 있는 아미그달린은 열매가 익어감에 따라 농도가 낮아져 완숙 단계가 되면 거의 없어진다. 먹었다 하더라도 어느 정도는 몸 안의 효소에 티오시안산염으로 전환되어 배출된다. 열매의 씨앗을 함께 술을 담그거나 매실청을 만들어도 시간이 지남에 따라 술, 설탕 등과 작용해 없어진다. 따라서 씨앗의 독성 성분에 대한 논쟁은 안 해도 될 것 같다.

Liqueur

Ch 03
행복한 마음을
술에 담다

풍요로움 가득한 여름을 지나 붉은 단풍잎이 아름
다운 가을까지 자연을 담아보자. 자연이 가득 담긴
술을 음미하며 행복한 마음을 품어보는 것이 과실주
가 주는 또 하나의 선물이다.

Section 01   포도주

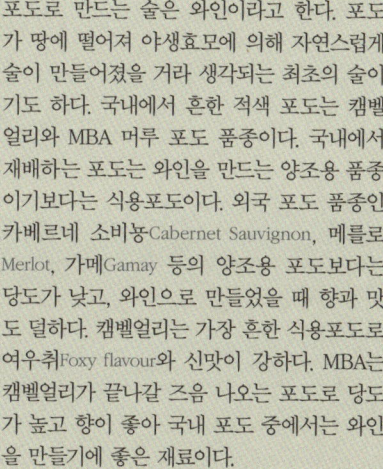

시기 8~11월

재료 포도 1kg, 소주(35%) 1.8ℓ, 감미료 500g

1 포도송이를 흐르는 물에 흔들어 씻은 다음 체에 밭쳐 물기를 뺀다.

2 용기에 포도를 한 알씩 따서 넣고 감미료와 소주를 부은 뒤 잘 밀봉하여 직사광선이 비치지 않는 곳에서 숙성시킨다.

3 3개월이 지나면 여과용 망에 넣고 가볍게 짜준다. 술이 탁하면 냉장고에 1~2일 보관해 침전시킨 후 맑은 부분만 병에 담아 밀봉하여 숙성시킨다.

포도로 만드는 술은 와인이라고 한다. 포도가 땅에 떨어져 야생효모에 의해 자연스럽게 술이 만들어졌을 거라 생각되는 최초의 술이기도 하다. 국내에서 흔한 적색 포도는 캠벨얼리와 MBA 머루 포도 품종이다. 국내에서 재배하는 포도는 와인을 만드는 양조용 품종이기보다는 식용포도이다. 외국 포도 품종인 카베르네 소비뇽Cabernet Sauvignon, 메를로Merlot, 가메Gamay 등의 양조용 포도보다는 당도가 낮고, 와인으로 만들었을 때 향과 맛도 덜하다. 캠벨얼리는 가장 흔한 식용포도로 여우취Foxy flavour와 신맛이 강하다. MBA는 캠벨얼리가 끝나갈 즈음 나오는 포도로 당도가 높고 향이 좋아 국내 포도 중에서는 와인을 만들기에 좋은 재료이다.

포도를 으깬 다음 설탕을 넣어 당을 높이고 와인 효모를 넣어 발효시키면 와인을 만들 수 있고, 설탕과 포도를 1:1로 넣어두면 포도청을 만들 수 있다. 소주를 붓고 기다리면 와인과는 다른 침출주 형태의 포도주를 만들 수 있다.

| 마시는 방법 | 포도를 으깬 다음 효모를 넣어 발효시켜 만든 와인은 발효과정에서 향과 맛이 더해지고 다른 와인과 브랜딩을 거쳐 맛과 향이 복잡해진다. 그러나 여기서 만드는 포도주는 포도에 소주를 부어서 만든 술로, 원재료인 포도의 맛에 충실하고 알코올도수가 높아서 알코올에 대한 부담감이 있다. 그래서 레드와인은 일반적으로 15~20도 정도가 적당하지만 침출주 형태의 포도주는 소주의 거친 맛 때문에 좀 더 차갑게 마시는 것이 좋고 꿀이나 설탕을 넣어 달콤하게 마시는 것이 부담이 없다.

머루주

1 머루송이를 흐르는 물에 흔들어
씻은 다음 물기를 뺀다.

2 준비한 용기에 머루를 한 알씩
따서 넣고 설탕을 넣는다.

3 용기에 소주를 부은 후 잘 밀봉
하여 직사광선이 비치지 않는 곳
에 둔다.

4 3개월이 지나면 건더기는 여과
용 망에 넣고 가볍게 짜준다. 술
이 탁하면 냉장고에 1~2일 보관
하여 침전시킨 후 맑은 부분만 병
에 담아 보관한다.

머루는 알맹이가 작고 신맛이 강해 포도처럼
그냥 먹기에는 부담스럽지만, 유기산과 무기
질, 폴리페놀 성분이 포도보다 많이 들어 있
다. 우리나라에 자생하는 머루에는 머루, 왕
머루, 까마귀머루, 새머루, 개머루 등이 있으
며 흔히 머루라고 하는 것은 왕머루다. 포도
보다 가격은 비싸지만 머루의 효능, 맛과 향
은 매우 매력적이다. 소주를 부어 만드는 침
출주 형태도 좋고, 포도 와인을 만드는 방법
과 같이 머루를 으깨 효모를 넣어 만드는 머
루 와인도 좋다. 머루는 포도보다 당도가 높
아 설탕을 거의 넣지 않아도 된다.

| 마시는 방법 | 머루주는 검붉고 진한 자줏빛의 매
혹적인 술이다. 포도와는 향과 맛이 다르니 다른 술
과 칵테일하기보다는 머루주만으로 마셔보는 것이
좋다. 침출주는 대개 소주를 부어 만들기에 완성된
술도 소주의 거친 맛에 대한 부담감이 있는데 복분
자주나 머루주는 그 부담감이 덜하다. 머루주를 차
갑게 하여 스트레이트로 마셔보면 머루의 매력을
느낄 수 있으며, 글라스에 얼음을 넣고 복분자주와
칵테일해도 좋다. 복분자의 새콤함과 강한 향이 머
루와 잘 어울린다.

사과주

시기 사계절

재료 사과 1kg, 소주(35%) 1.8ℓ, 레몬 1개

1 껍질째 술을 담그기 때문에 깨끗하게 잘 씻은 후 수건으로 물기를 닦는다. 용기에 들어갈 정도의 크기로 자르고 씨는 제거한다.

2 준비한 용기에 사과 1kg, 껍질을 벗겨낸 레몬, 소주 35% 1.8ℓ를 부은 후 밀봉하여 보관한다. 사과는 공기와 접촉하면 갈변이 일어나므로 용기 입구까지 술로 꽉 채운다.

3 3개월이 지나면 건더기를 건져낸다. 사과는 단단해서 건더기만 건져내도 맑은 술을 얻을 수 있다.

4 맑은 술은 병에 담아 밀봉하여 보관한다.

눈동자를 영어로 apple of the one's eye pupil라고 하는데 눈동자라는 뜻 말고도 매우 소중한 사람이라는 뜻도 있다. 그래서 사과는 예부터 부귀와 사랑의 상징으로 조상의 제사에 빠지지 않았고 나무는 땔감으로 지피지 않을 정도로 대접받았다. 사과는 쓰임새가 광범위하여 평과라고도 불린다. 사과는 그냥 먹기에도 좋지만 술을 담그면 사과 특유의 산뜻한 맛과 은은하게 풍기는 향이 좋다. 사과의 종류는 전 세계적으로 7,000종이 넘는다고 한다. 국내에서도 후지, 홍옥, 국광, 감홍, 아오리 등 많은 품종의 사과가 재배되는데 술을 담그기에는 단맛은 물론 적당한 신맛이 있는 사과가 좋다. 그중에서도 빨간색이 먹음직스럽고 신맛이 강하여 임산부 사과라 불리는 홍옥이 술을 만들기에 좋다. 홍옥은 1960~1970년대에는 국광과 함께 전체 사과 생산량의 80% 이상을 차지하였으나 점차 생산량이 줄어들어 요즘은 보기가 어렵다.

| 마시는 방법 | 사과주는 최소한 3개월은 침출·숙성을 시켜야 참맛을 느낄 수 있다. 흔히 신맛, 단맛 등을 느낄 수 있지만 본래 사과의 맛 자체는 차분한 편이다. 은은하게 풍기는 사과 향을 느끼면서 스트레이트로 마시는 것이 좋으며, 얼음을 넣어 시원하게 마셔도 좋다.

탱자주

시기 9~10월, 수시(한약 건재상에서 구입 가능)

재료 탱자 500g(말린 탱자는 200~250g), 소주(35%) 1.8ℓ

1 탱자는 껍질째 사용하므로 깨끗하게 씻은 후 수건으로 물기를 닦는다.

2 준비한 용기에 탱자 500g을 그대로 넣거나 이등분하여 넣고 35% 소주 1.8ℓ를 부은 후 밀봉하여 직사광선이 비치지 않는 곳에서 침출·숙성시킨다. 말린 탱자라면 200~250g 정도만 사용하여도 충분하다.

3 3개월이 지나면 건더기를 건져내고 밀봉하여 보관한다.

탱자나무는 예쁜 꽃을 피우고 가을에는 향기가 은은한 탐스러운 열매가 열린다. 가시가 있어 예전에는 울타리용으로 많이 심었다. 탱자나무는 아주 단단하기 때문에 윷을 만들기에도 제격이다. 탱자나무를 적당한 크기로 잘라 반을 쪼개면 가운데 물관 세포가 드러나며, 사포로 매끈하게 다듬으면 멋진 윷이 된다. 탱자는 신맛이 강하여 생으로 먹기는 어렵다. 모과처럼 소쿠리에 담아 방향제로 사용하거나 유자처럼 차를 끓여 마시기도 하며, 반으로 잘라 말린 뒤 약제로도 사용한다. 탱자에 소주를 부어 술을 담그면 탱자의 강한 신맛과 특유의 쓴맛 그리고 향기가 적절하게 숙성되어 평범하지 않은 매력 있는 술이 된다.

| 마시는 방법 | 탱자주는 황색에 향이 강한 술이다. 스트레이트로 마시기보다는 글라스에 얼음을 넣고 차갑게 희석해서 마시는 것이 좋고, 꿀이나 설탕을 넣어 달콤하게 만들어도 좋다. 탱자주는 맛이 씁쓸하고 떫어서 위스키나 브랜디에도 잘 어울린다. 위스키나 브랜디가 담겨 있는 잔에 탱자주를 조금 떨어뜨리면 오크통에서 숙성된 증류주의 달콤한 향과 잘 어우러져 맛있는 칵테일이 된다.

배주

시기 9월부터(신고배는 사계절 구입 가능)

재료 배 1kg, 소주 35% 1.8ℓ, 레몬 2개

1 껍질을 같이 사용할 경우에는 깨끗하게 씻은 후 수건 등으로 물기를 닦는다. 적당한 크기로 잘라 껍질을 벗겨 이등분한 레몬과 함께 넣어준다.

2 용기에 재료를 넣고 잘 밀봉하여 직사광선이 비치지 않는 곳에 보관한다.

3 자르지 않고 담글 경우 술을 용기 입구까지 채워 배가 술에 완전히 잠기게 하는 것이 좋다.

4 2개월이 지나면 건더기는 건져내고 맑은 술만 병에 담아 보관한다.

배는 신고, 황금배, 만삼길, 화산배, 영산배, 풍수 등 여러 품종이 있지만 국내에서는 신고배를 가장 많이 재배한다. 배는 수분이 많으며 맛이 시원하고 상큼해서 과육을 먹는 과일 중 하나이다. 특히 배에는 단백질 분해 효소가 많아서 고기를 잴 때 고기가 연해지라고 배를 갈아서 넣기도 한다. 배나무 아래에 송아지를 매어놓았더니 송아지는 온데간데없고 고삐만 남았다는 이야기에도 소고기를 먹고 배를 먹으면 소화가 잘된다는, 고기를 연하게 한다는 배의 효소와 관련된 뜻이 담겨 있다. 배는 한자로 배나무 이梨를 쓰는데 이와 관련된 전통주도 몇 가지 있다. 이화주梨花酒는 걸쭉하여 마시기보다는 떠먹는 술인데, 배꽃을 넣어서 만드는 것이 아니라 배꽃이 필 때 누룩을 만들어 여름에 빚는 술이라 하여 붙여진 이름이다. 그리고 전북 무형문화재 제6-2호인 이강주梨薑酒는 배梨와 생강薑이 들어갔다 하여 붙여진 이름이다. 술을 담그기에는 단단한 신고배가 적당하며, 다른 과일에 비해 유기산이 적어 신맛이 부족하니 레몬 등으로 신맛을 보충해주는 것이 좋다.

| 마시는 방법 | 배주는 배 특유의 시원한 맛이 일품이다. 잘 익은 배에서 나오는 맛과 향이 은은하고 새콤달콤해 차갑게 하여 스트레이트로 마셔도 좋고 꿀이나 설탕을 넣어 좀 더 달콤하게 마셔도 좋다. 갈증이 날 때는 긴 글라스에 배주를 조금만 넣고 얼음과 탄산수로 채워서 마시면 시원하다. 탄산수 대신에 라거 계열의 맥주를 넣어 마셔도 상쾌하게 즐길 수 있다.

다래주

시기 10~11월

재료 다래 1kg, 소주(35%) 1.8ℓ, 레몬 1개

1 다래는 흐르는 물에 가볍게 씻은 후 체에 밭쳐 물기를 빼거나, 깨끗한 수건으로 물기만 가볍게 닦는다. 다래는 신맛이 부족하므로 껍질을 벗긴 레몬을 같이 넣어준다.

2 준비한 용기에 다래 1kg과 35% 소주 1.8ℓ를 붓고 레몬을 첨가한 후 밀봉하여 직사광선이 비치지 않는 곳에 보관하면서 침출·숙성시킨다.

3 2개월이 지나면 건더기는 건져낸다. 술에 부유물 등이 있어 혼탁하면 냉장고에 1~2일 보관하여 침전시키고 맑은 술만 병에 담아 보관한다.

다래는 머루와 함께 대표적인 야생 과일의 하나로 국내에는 다래, 개다래, 섬다래, 쥐다래 4종이 있다. 단맛은 다른 수입 과일들보다 덜하지만 향수를 자극하는 추억의 열매이기도 하다. 흔히 다래라고 하면 참다래를 떠올린다. 참다래는 뉴질랜드에서 들어온 키위로 토종 다래와 구분하기 위해 부르는 이름이다. 참다래는 겉에 털이 있는 반면, 토종 다래는 매실처럼 겉면이 매끈하지만 잘라서 단면을 보면 참다래와 매우 비슷하다. 최근에 토종 다래보다 큰 신품종을 개발하여 강원도 지역에서 재배하고 있으니 마트에서도 좀 더 자주 다래를 볼 수 있을 것이다.

| 마시는 방법 | 다래주는 새콤달콤하면서도 쌉쌀한 맛이 느껴져 우리의 대표적 야생 과실로 옛 추억을 떠올리기에 손색이 없다. 다래주는 다래의 향이 너무 강하게 느껴지지 않게 얼음을 채운 글라스에 담아 가볍게 희석하여 은은한 떫은맛과 새콤달콤한 맛을 즐겨보는 것이 좋다. 안주도 옛날 음식 한 가지를 곁들여보자.

참다래(키위)주

시기 국내산은 10월~다음 해 5월, 그 외는 수입 참다래

재료 참다래 8~10개, 소주(35%) 1.8ℓ, 설탕 100g

1 참다래는 껍질을 벗긴 후 준비한 용기의 입구에 들어갈 정도로 적당한 크기로 자른다.

2 준비한 용기에 손질한 참다래를 넣고 35% 소주 1.8ℓ를 붓는다. 참다래는 단맛이 부족하여 감미를 해주는 것이 좋다.

3 잘 밀봉하여 보관한다.

4 참다래는 쉽게 무르기 때문에 침출 시간이 비교적 짧다. 2주가 지나면 건더기를 건져낸다. 맑은 술은 다른 병에 담아 밀봉하여 보관한다

키위 혹은 참다래로 불리는 양다래A. deliciosa는 뉴질랜드 사람이 중국에서 다래 유전자원으로 육성하여 전 세계에 퍼뜨렸다.
우리나라에는 1977년경 들여왔는데 내한성이 약해 주로 남쪽 지방에서 재배하고 있다. 토종 다래는 크기는 작지만 양지나 음지 어느 곳에서도 잘 자란다. 내한성이 강하여 추운 지역에서도 재배가 가능한 장점을 살려 양다래 품종과 교배해 국내 기후에 적합하고 품질이 우수한 새로운 품종을 개발하여 보급하고 있다. 하지만 참다래 수요에 미치지 못해 아직은 수입에 의존하고 있다. 참다래는 2주 정도만 침출시켜도 맛과 향이 우러나와 빨리 만들어 마실 수 있으며, 새콤하면서도 떫은맛이 매력적이다.

| 마시는 방법 | 참다래는 비타민 C가 풍부해서인지 담근 술도 상큼하다. 스트레이트로 마시면 참다래의 풋풋한 향과 떫은맛을 잘 느낄 수 있으며, 얼음을 가득 채운 글라스에 참다래주를 조금 붓고 탄산수로 채워서 시원하게 마시는 방법도 좋다.

Section 08

체리주

시기 가을(수입해서 사계절 가능)

재료 체리 500g, 소주(35%) 1.8ℓ, 설탕 200g

1 체리의 줄기 부분을 제거하고 물에 잘 씻은 후 깨끗한 수건으로 물기를 닦는다.

2 준비한 용기에 체리 500g, 설탕 200g, 35% 소주 1.8ℓ 를 붓고 잘 밀봉하여 직사광선이 비치지 않는 곳에 보관한다.

3 3개월 정도 지나면 건더기를 건져내고 맑은 술은 병에 담아 밀봉하여 보관한다.

체리는 벚나무의 열매인데 국내에서 자라는 버찌와 앵두보다 크고 단맛이 강하다. 국내에서 판매되는 체리는 대부분 미국에서 수입한 것이다. 미국은 터키 다음으로 세계 2위의 체리 생산국이다. 미국에서 생산되는 체리는 스위트sweet체리와 타트tart체리로 구분되는데 스위트체리는 단맛이 많아 생과일로 먹는다. 다양한 품종 중에서 'Bing'이라는 품종이 많이 수입된다. 타트체리는 안토시아닌 성분 덕분에 슈퍼 과일로 꼽히지만 쉽게 상해서 생과일로 먹기 어려워 가공된 상태로 유통되고 있다. 국내에서는 영남과 경기 지방을 중심으로 체리를 생산하고 있지만 2011년 기준 수입량의 3.7%에 불과하다.

| 마시는 방법 | 체리는 사각사각한 식감에 달콤하여 맛이 좋은 과일이다. 체리주는 체리의 붉은색이 술에 녹아들어 오묘한 빛깔이 난다. 글라스에 얼음과 같이 담아낸 다음 위스키나 브랜디를 조금 넣어 마시면 좋으며, 생 체리를 거칠게 으깨어 넣으면 체리향이 좀 더 강하고 달콤한 칵테일이 된다.

귤주

시기 11월~이듬해 5월(하우스귤과 한라봉까지 포함하면 사계절 가능하다)

재료 귤 1kg, 소주(35%) 1.8ℓ

1 껍질까지 사용하려면 깨끗하게 씻어서 농약을 없앤다. 과육은 가로로 이등분하는 것이 보기에 예쁘다.

2 준비한 용기에 이등분한 귤 1kg과 35% 소주 1.8ℓ를 붓고 잘 밀봉하여 직사광선이 비치지 않는 곳에서 침출·숙성시킨다.

3 2개월 정도 지나면 건더기는 건져내고 맑은 술만 병에 담아 보관한다.

우리가 즐겨 먹는 귤은 귤나무의 열매로 제주도에서 많이 생산된다. 『고려사기』에 따르면 백제 문주왕 시대에 제주도의 감귤이 공물로 헌상 되었다는 내용이 있는 것으로 보아 그 이전에도 제주도에서 감귤이 재배되었음을 알 수 있다. 현재 제주도에서 생산되는 품종은 대부분 20세기 초 일본에서 도입된 온주밀감류이다.

토종 품종은 10여 가지 확인된다고 하는데 그중 하나인 진귤의 껍질을 말린 것은 진피라고 하여 한의학에서는 없어서는 안 될 중요한 약재로 쓴다.

| 마시는 방법 | 귤은 구연산이 많은 과일로 술을 담그면 노란빛에 새콤한 맛이 많이 난다. 작은 잔으로 따라 마시기보다는 글라스에 얼음을 잔뜩 넣고 귤주를 넉넉하게 담아 잘 저은 다음 시원하게 즐기는 것도 좋다. 귤을 넉넉하게 넣고 설탕도 좀 많이 넣어 만들었다면 오렌지리큐어인 큐라소 행세를 하기에도 부족함이 없다. 얼음을 가득 담은 잔에 보드카나 럼 같은 증류주를 같은 분량으로 넣고 달지 않은 탄산수를 채워 칵테일로 마시는 것도 좋다.

레몬주

시기 수시

재료 레몬 8개, 소주(30~35%) 1.8
ℓ, 설탕 약간

1 레몬은 껍질을 벗겨내고 알맹
이만 사용하는데 강한 향과 쓴맛
을 좋아한다면 껍질을 같이 사용
해도 된다. 이때 껍질을 너무 많이
넣으면 쓴맛이 강할 수 있으므로
30~40%만 사용한다.

2 용기에 레몬과 소주를 붓고 달
콤한 맛을 내기 위해 설탕을 넣는
다.

3 2주 정도면 마실 수 있는데 1개
월 정도 지나면 건더기를 여과용
망에 걸러 가볍게 짜낸다.

레몬은 미국 속어로 '불량품'이라는 뜻이 있
다. '시큼하고 맛없는 과일'이라는 뜻에서 유
래하였는데 저급품만 유통되는 시장인 레몬
마켓Lemon market도 있다. 그러나 레몬은 비
타민 C와 구연산이 풍부하고, 과즙, 과육, 껍
질 모두 요리에 자주 사용되며 레모네이드
음료를 만드는 데도 사용된다. 신맛이 강하
여 치즈를 만들 때는 응고제로 쓰이기도 한
다. 술에서는 라임과 함께 칵테일의 중요한
첨가 재료로 많이 쓰인다. 특히 리큐어 제조
에서 신맛이 부족한 재료로 술을 담글 때 신
맛을 보충하기 위해 많이 사용된다.

| **마시는 방법** | 레몬주는 신맛이 강하여 스트레이
트로 마시기에는 부담이 있다. 얼음과 탄산수로 희
석해서 마시거나 상큼한 맛이 부족한 리큐어와 칵
테일하면 좋다. 라임과 함께 칵테일에서는 중요한
재료이다. 보드카, 데킬라, 럼 같은 기본 증류주와도
잘 어울린다. 얼음을 채운 글라스에 증류주를 담고
레몬주와 시럽을 넣으면 간단하면서도 맛있는 칵테
일을 즐길 수 있다.

멜론리큐어

재료 : 멜론 300g, 소주(35%) 500~600㎖, 설탕 200g, 천연색소(녹색), 멜론 향신료

1 멜론 안쪽의 과육 부분만 적당한 크기로 잘라 용기에 담고 소주를 붓는다.

2 2주 정도 지나면 멜론을 건져내고 커피 여과지로 탁한 침전물을 걸러낸다.

3 걸러낸 맑은 술에 설탕을 넣고 잘 녹인다. 멜론은 과즙이 많아서 설탕 시럽을 만들어서 넣으면 알코올도수가 많이 내려가니 설탕을 넣는다.

푸른 빛깔의 대표적 리큐어라고 하면 단연 블루큐라소이다. 그리고 녹색 리큐어로 유명한 술을 꼽으라면 망설임 없이 멜론리큐어를 꼽는다.

멜론은 후숙과일로, 수확한 지 얼마 지나지 않은 멜론은 단단하고 단맛이 덜하다. 후숙이 잘되면 멜론 특유의 향기가 강해지므로 멜론의 밑부분을 눌러보았을 때 말랑말랑하여 후숙이 잘된 과일로 만든다. 멜론리큐어는 산뜻한 녹색이 매력적인 술이므로 천연색소를 넣어서 녹색을 만들어준다. 멜론을 침출시켰지만 멜론향이 그렇게 강하지 않으니 멜론향을 구입하여 조금만 넣으면 멜론향이 풍부하고 산뜻한 리큐어를 만들 수 있다.

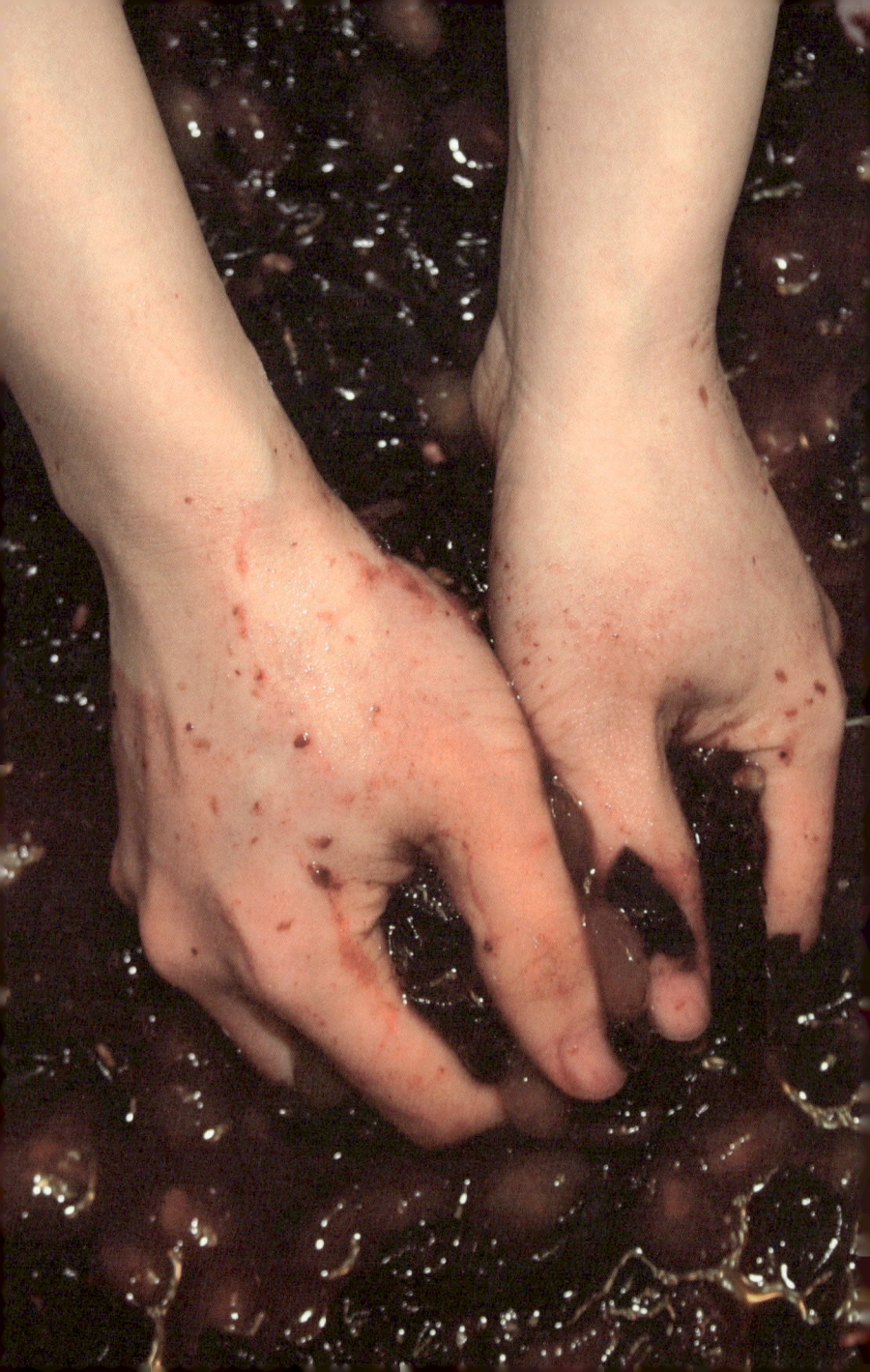

포도와인(발효주)

와인은 포도에 소주를 부어 만드는 침출주보다 시간과 정성이 많이 필요하지만, 발효를 거치면서 만들어지는 포도의 향과 맛이 매력적이다.

재료 포도 25kg, 와인효모 5g, 백설탕 1.3~2.3kg, 벤토나이트 10g, 피로아황산칼륨 5g, 2차 발효통, 공기차단기, 비중계 또는 당도계, 거름망

1 잘 익은 포도를 구입하고 줄기를 제거한 후 발효통에 알알이 따서 담은 후 주물러서 으깬다.

2 캠벨얼리 포도의 당도는 약 14%이며, MBA(머스캣베일리에이)는 당도가 18% 정도인데, 와인을 만들기에 적당한 당도인 24%로 당도를 높이기 위해 백설탕을 넣고 잘 저어준다(캠벨얼리 2.2~2.3kg MBA1.3~1.4kg). 다음 식으로 계산하면 설탕 첨가량을 알 수 있다.
설탕첨가량(g)≒(원하는 당도−포도의 당도)×8×포도무게(kg)

3 피로아황산칼륨(아황산염)을 2~4g 첨가한다. 피로아황산칼륨을 넣으면 포도색이 변색되었다 시간이 지난 후 원래 색으로 돌아온다. 피로아황산칼륨(아황산염)을 첨가해서 야생효모와 유해균을 제거한 후 우량종을 배양한 와인효모를 넣으면 품질이 일정한 와인을 만들 수 있다.

4 피로아황산칼륨(아황산염)을 첨가한 후에는 최소한 5시간이 지난 뒤 와인효모를 넣어야 한다. 피로아황산칼륨을 첨가하지 않았다면 바로 효모를 넣으면 되는데, 효모는 미지근한 물에 효모 5g을 넣고 약 30분이 지난 후 사용한다. 효모는 일반적으로 건조효모를 사용하는데, 포도파쇄즙에 직접 뿌리기보다는 안정화해서 사용하는 것이 좋다. 깨끗한 그릇에 미지근한 물 100㎖와 효모를

포도와인(발효주)

넣고 30분 정도 지난 후에 사용한다.

5 발효통의 뚜껑을 닫고 공기차단기를 설치한다. 1~3일 지나면 발효가 활발해지면서 알코올과 탄산가스가 생성된다. 하루에 한두 번 뚜껑을 열고 국자나 긴 스푼 등으로 떠오른 포도껍질을 가라앉혀준다. 그래야 표면에 떠오른 껍질이 공기와 접촉해서 곰팡이가 생기는 것을 막을 수 있으며, 껍질과 씨에서 색깔과 타닌성분 등이 잘 침출된다. 발효온도는 20~25도 사이가 적당하며 30도가 넘으면 발효가 정상적으로 일어나지 않을 수 있다.

6 발효를 시작한 지 1주일 정도면 활발한 발효과정은 끝난다. 포도껍질과 씨에서 색, 타닌성분 등을 충분히 얻었으므로 걸러주는데, 나일론 재질의 망을 이용하여 빠른 시간 내에 거른다. 포도를 25kg 사용하면 와인을 17~18ℓ 얻을 수 있다.

7 여과한 와인은 카보이나 생수통에 옮겨 담아 피로아황산칼륨 1g을 넣고 잘 섞어준다. 피로아황산칼륨은 산화를 방지한다. 와인을 옮겨 담을 때 2차발효 때 넘칠 수 있으니 빈 공간을 남겨둔다. 2차 발효는 2주 정도 걸린다.

8 2차 발효가 끝나면 사이펀을 이용해 찌꺼기가 나오지 않게 다른 통에 옮겨 담은 후 2차 발효통을 씻어서 다시 옮겨 담는다. 살균을 위해 따뜻한 물에 벤토나이트 10g을 녹여 와인에 부은 후 공기차단기를 설치하여 보관한다.

9 1개월 정도 지나면 효모와 포도 찌꺼기가 침전되어 와인이 점차 맑아지므로 술이 충분히 맑아졌을 때 사이펀을 이용하여 맑은 와인을 병에 담는다. 병에 담은 후 3개월 정도 더 숙성시키면 맛과 향이 좋은 와인이 된다.

Liqueur

Ch 04
술에
건강함을 담다

술은 적당히 마시면 몸의 피로를 풀어주고 마음을
즐겁게 해주므로 취향과 기호에 따라 마시면 된다.
누구나 가정에서 쉽게 간단한 재료로 담글 수 있는
건강주를 소개한다.

국화주

시기 9~10월, 사계절(한약 건재상에서 구입 가능)

재료 국화 적당량, 소주 35%(국화의 4~5배, 말린 국화는 6~7배)

1 국화는 체에 담아 흐르는 물에 뒤적거리면서 씻으면 편하다. 씻은 후에는 물기를 충분히 빼거나 그늘에서 말린다.

2 용기의 1/4~1/5 정도 국화를 넣은 후 나머지 부분은 소주로 채운다. 말린 국화는 용기의 1/6~1/7 정도만 채워도 충분하다.

3 잘 밀봉하여 직사광선이 비치지 않는 곳에서 침출·숙성시킨다.

4 2개월 정도 지나면 건더기는 체에 밭쳐 걸러내고 냉장고에 1~2일 보관하여 찌꺼기를 침전시킨 후 맑은 부분만 따라낸다.

코스모스, 해바라기, 쑥, 민들레 등은 물론 고들빼기나 곤드레나물 등도 국화과 식물이다. 흔히 들국화라고 부르는 자생국화는 야생에서 자라는 모든 국화를 말하며 이 중에서 가장 잘 알려진 것이 감국甘菊이다. 감국은 동전만 한 크기로 단맛이 나는 노란색 꽃이다. 남쪽 지방의 산야나 바닷가 주변에서 주로 자생하지만 요즘은 찾기가 어렵다. 화훼용인 꽃송이가 큰 가국家菊은 감국과 산구절초를 교잡하여 만들어진 꽃인데 이 중에서 꽃송이가 작으면서 감국과 비슷한 꽃을 재배한 것이 흔히 구할 수 있는 감국이다. 감국과 비슷하게 생겼지만 꽃이 작은 야국野菊은 산국山菊이라고도 하는데, 전국의 산야에 흔하지만 쓴맛이 나서 국화차 재료로는 사용하지 않는다. 이 산국은 감국과 비슷하기 때문에 산에서 마주하면 산국인데 감국 같고, 감국인데 산국 같다고 하여 구별법이 논쟁거리가 되기도 한다. 술을 담글 들국화는 활짝 핀 것보다는 약간 덜 핀 것이 좋다. 채취하기 힘들면 한약 건재상에서 말린 감국을 구입하면 된다.

| 마시는 방법 | 감국은 맛이 달다고 하여 붙여진 이름이지만 단맛보다는 쓴맛이 강한 것 같다. 그래도 국화주는 연한 황금색에 국화향을 머금은 쌉쌀한 맛이 매력적이다. 쓴맛이 부담된다면 달콤한 시럽을 넣어 마셔도 좋고, 새콤한 오미자주나 산수유주와 가볍게 칵테일해도 잘 어울린다. 국화차는 마음을 맑게 하고, 눈을 밝게 하며, 수명을 늘려준다고 하는데 적당량의 국화주도 그 정도 효능은 있지 않을까 한다.

더덕주

시기 사계절

재료 더덕 100g(말린 더덕은 30g), 소주(35%) 1.8ℓ

1 더덕에 묻은 흙은 가볍게 털어내고 흐르는 물에 깨끗한 칫솔로 씻으면 틈새까지 씻을 수 있다. 다 씻은 후에는 깨끗한 수건으로 물기를 닦아낸다.

2 용기에 더덕 100g과 35% 소주 1.8ℓ 를 부은 후 밀봉하여 보관한다. 말린 더덕은 30g 정도만 사용해도 맛과 향을 충분히 느낄 수 있다. 더덕이 커서 그대로 용기에 넣기 힘들 때에는 잘라서 넣어도 되지만 통째로 넣는 것이 보기에는 좋다.

3 더덕은 오래 둘수록 맛이 좋다. 최소한 6개월은 담근 후 마시자.

가을 산에 짙은 향기를 더하는 더덕은 효능이 인삼에 버금갈 정도라 하여 사삼(沙蔘)이라 불리기도 한다. 사삼은 인삼人蔘, 현삼玄蔘, 단삼丹蔘, 고삼苦蔘과 함께 오삼(五蔘)이라 부르는데 형태는 모두 다르나 치료하는 바는 비슷하기 때문이라고 한다. 중국 의학서에서는 '잔대뿌리'를 사삼이라고 하였고, 우리 『동의보감』에서는 '더덕'을 사삼이라고 했다. 국내에서는 잔대를 사삼으로 보는 사람과 더덕을 사삼으로 보는 사람이 있다. 둘의 약효는 비슷하지만 잔대와 더덕은 분명히 다른 식물이기에 '사삼이라는 명칭을 사용하지 않고 더덕이나 잔대로 구분해 사용해야 한다'는 전문가들의 의견이 설득력이 있다. 최근에는 『동의보감』의 '사삼'을 '더덕'으로 바꿔 표기함으로써 이제 '사삼'은 '더덕'을 뜻하게 되었다. 술을 담글 때는 더덕에 붙어 있는 흙을 가볍게 털어내고 흐르는 물에 깨끗한 칫솔로 가볍게 문질러주면 된다. 생더덕을 자근자근 두들겨서 술에 넣으면 바로 마셔도 될 만큼 향이 잘 우러난다.

| 마시는 방법 | 더덕 특유의 쌉쌀한 맛에 진한 향이 조화를 이룬 호박색의 귀한 술이다. 더덕의 향을 즐기기 위해선 다른 술과 칵테일하기보다는 스트레이트로 마시는 것이 좋다. 더덕의 맛있는 쓴맛이 기름진 요리를 담백하게 해주어 감자나 해물로 만든 전 요리나 삼겹살과도 잘 어울린다.

마늘주

시기 사계절

재료 마늘 300~400g, 소주(35%)
1.8ℓ, 레몬 1개, 설탕 100g

1 마늘을 5분 정도 쪄서 생마늘의
자극적인 냄새를 줄인다.

2 신맛이 부족한 재료이므로 레몬
을 첨가하면 좋다. 레몬은 껍질을
벗겨 알맹이만 사용한다.

3 용기에 마늘 300~400g, 레몬 1
개, 35% 소주 1.8ℓ와 감미료를 넣
은 후 밀봉하여 직사광선이 비치
지 않는 곳에 둔다.

4 3개월 정도 지나면 건더기를 건
져내고 맑은 술만 보관한다.

마늘의 맛은 매콤하지만, 익히면 매운맛이 사
라지고 감칠맛을 더해주어 요리에서는 빠지
지 않는 재료이다. 의외로 마늘은 당도가 꽤
높다. 마늘의 알싸한 매운맛 때문에 단맛을
잘 못 느끼지만 30브릭스brix에 육박할 정도
이다. 단맛이 14브릭스 정도인 캠벨포도보다
2배 정도 달콤하다. 마늘을 한번 익혀서 매
운맛을 없애고 술을 담가 숙성시키면 달콤한
술이 된다.

| 마시는 방법 | 마늘의 매운맛과 특유의 향 때문에
술 담그기를 꺼리지만 일정 기간 숙성하면 웬만한
과실주보다 더 달콤한 술이 된다. 매운맛은 느껴지
지 않으며 마늘 특유의 향도 사라지고 부드럽고 달
콤하여 다른 술과 칵테일하기보다는 스트레이트나
얼음을 조금 넣어 시원하게 마시는 것이 좋다. 신맛
이 부족하면 레몬이나 레몬주스를 좀 넣어 마시면
좋다.

산수유주

시기 9~10월, 사계절

재료 산수유 1kg(말린 산수유 200g), 소주(35%) 1.8ℓ

1 산수유를 잘 씻어서 물기를 충분히 빼거나 그늘에서 말린다.

2 용기에 산수유 1kg, 35% 소주 1.8ℓ를 넣고 밀봉하여 직사광선이 비치지 않는 곳에 둔다. 말린 산수유는 200g 정도만 넣어도 된다.

3 3개월이 지나면 건더기는 건져낸다.

산수유는 봄에는 향기 그윽한 황금색 꽃으로 축제를 만들어주고 가을에는 새빨갛고 탐스러운 열매로 또 한 번 눈과 입을 즐겁게 해준다. 이처럼 산수유는 꽃과 열매가 아름다워 조경수로도 사랑을 받고 있다. 경기도 이천 백사와 전남 구례 산동 지역은 매년 산수유꽃축제를 열어 많은 관광객을 유치하고 있다. 특히 전남 구례 산동면은 전국 최고의 산수유 군락지로 꼽힌다. 산수유 열매는 예부터 약용으로 사용되었다. 두통, 이명, 해열 등에 쓰이고, 식은땀이나 야뇨증을 치료하는 데도 사용한다. 산수유는 새콤하면서 달콤한 맛이 나서 술을 담가도 좋다. 가을에 생 열매로 만들어도 좋으며, 말린 산수유로는 사계절 아무 때나 담글 수 있다.

| 마시는 방법 | 산수유주는 붉은색에 새콤달콤한 맛이 나는 술이다. 약효도 뛰어나지만 술로 즐기기에 적당한 신맛과 단맛이 있어서 맛으로 즐기기에도 충분하다. 또 무색투명한 보드카와 같은 증류주와 칵테일하면 은은한 핑크빛의 아름다운 색이 만들어진다. 여기에 달콤한 시럽과 얼음을 넣으면 새콤달콤한 칵테일이 된다.

오미자주

시기 9월, 사계절(건오미자)

재료 생오미자 300~400g(건오미자 200g), 소주(35%) 1.8ℓ, 설탕 200g

1 건오미자는 찬물에도 쉽게 물러지므로 흐르는 물에 흔들면서 빠르게 씻어낸 후 그대로 물기를 뺀 후 그늘에서 말린다.

2 용기에 오미자와 소주를 넣고 잘 밀봉하여 직사광선이 비치지 않는 곳에 둔다.

3 오미자는 1주일만 지나도 마실 수 있으나 1개월 후에 건더기를 건져낸다.

다섯 가지 맛이 난다고 하여 오미자(伍味子)라고 하는데, 껍질은 시고, 과육은 달고, 씨는 맵고 쓰며, 전체적으로는 짠맛이 난다. 그중에서 신맛이 가장 강하다. 오미자는 신맛이 강한 만큼 유기산이 많으며, 무기질과 비타민 등이 함유되어 있다. 주로 목과 폐 등 기관지에 좋다고 알려져 있다. 신맛이 강하여 그냥 먹기에는 힘들어 오미자청이나 진액으로 만들어 먹지만 요즘에는 다양하게 변신하고 있다. 차와 음료는 많이 접해온 가공방식이고 잼, 떡, 곶감 등으로도 활용된다.

경북 문경시 동로면에는 '문경오미자마을'이 있다. 국내 오미자의 40% 이상을 생산하며, 다양한 가공품과 체험프로그램으로 오미자의 변신을 이끌어낸 곳이다.

| **마시는 방법** | 오미자는 침출 속도가 빠르다. 오미자의 강한 신맛이 소주의 알코올 맛을 감싸주어 거부감 없이 마실 수 있다. 신맛 뒤에 남는 단맛, 쓴맛, 매운맛, 짠맛을 느끼는 재미도 쏠쏠하다. 글라스에 얼음을 채우고 오미자주와 탄산수를 기호에 맞게 섞어서 마시면 갈증 해소에도 도움이 된다.

인삼주

시기 사계절

재료 인삼(4~6년근) 1뿌리, 소주 (35%) 1.8ℓ

1 인삼(수삼)을 깨끗하게 씻은 후 물기를 닦는다.

2 인삼은 생긴 그대로 담그는 것이 좋으니 넉넉한 용기를 준비한다. 용기에 인삼과 소주를 붓고 잘 밀봉하여 직사광선이 비치지 않는 곳에 둔다.

3 6개월 이상 보관한다.

인삼은 뿌리가 사람 '人' 모양을 하고 있으며, 사람과 비슷하여 인삼人蔘이라고 한다. 수천 년 동안 동아시아의 한방 처방에서 절대 빠지지 않는 약재이다. 인삼을 가공하지 않은 생것을 수삼水蔘, 수삼의 껍질을 벗기거나 그대로 햇볕에 말린 것을 백삼白蔘, 백삼을 쪄서 건조한 것을 홍삼紅蔘이라고 한다. 『동의보감』에는 인삼의 효능을 "정신을 안정시키고 신경을 가라앉히며, 놀란 가슴이 뛰는 것을 멈추게 하고 두뇌활동을 원활하게 해 건망증을 없앤다"라고 나와 있다. '혈압을 높여 고혈압을 유발한다', '불면증에 시달리게 만든다' 같은 부작용에 대한 우려도 있지만 '제13회 세계독성학회ICT'에서 인삼홍삼 포함이 혈압에 미치는 영향은 무의미한 것으로 결론이 났으니 혈압과 관련해서는 걱정하지 않아도 된다.

| 마시는 방법 | 인삼주는 매실주와 함께 한번은 담가봤을 만큼 우리나라의 대표적인 술이다. 소주를 부어 리큐어(침출주) 방식으로 만들 수도 있고, 쌀과 인삼을 같이 발효시켜 약주 방식으로 만들 수도 있으며, 이 술을 증류하여 증류주 방식으로 만들 수도 있다. 어떤 방법으로 만들어도 맛이 그려질 정도로 친숙한 술이다. 인삼주는 약주로 하루에 한두 잔 정도가 적당하며, 인삼의 쌉쌀한 맛과 향을 느끼면서 제맛으로 마시는 것이 좋다.

샴페인, 스파클링 와인 만들기

샴페인Champagne과 스파클링 와인Sparkling wine은 둘 다 탄산가스가 녹아 있는 와인이다. 다만 프랑스 상파뉴 Champagne 지역에서 생산되는 스파클링 와인만을 샴페인 이라고 하는데 상파뉴의 영어식 발음이 샴페인이다. 효모 는 포도당을 이용하여 알코올과 탄산가스를 만든다. 발효 과정에서 생성되는 탄산가스는 대개 외부로 빠져나가지만 밀폐된 용기 내에서 알코올발효가 일어나면 탄산가스가 빠져나가지 못하고 술 속에 녹아들게 된다. 그래서 완성 된 와인에 당과 효모를 약간 넣어주면 이 당을 소비할 만 큼 탄산가스가 만들어진다. 이 원리를 이용하면 어렵지 않 게 스파클링 와인을 만들 수 있다. 샴페인을 전통적인 방 법으로 만들려면 와인을 만든 다음 병에 담아서 2차 발 효 탄산화를 시키는데, 이 방법은 2차 발효가 끝난 다음 넣어준 효모를 제거해야 하는 어려움이 있다. 효모는 결국 병 내부에서 침전물이 되어 샴페인을 혼탁하게 한다. 그래 서 병을 거꾸로 세워서 병 입구에 침전물이 쌓이면 병 입 구만 얼린다. 그러면 침전물은 얼음 속에 갇히게 된다. 숙 련된 기술로 짧은 시간 뚜껑을 열어 탄산가스가 빠져나가 지 않게 얼음만 빼내면 맑은 샴페인이 만들어진다. 그 외 에 압력통에서 2차 발효를 시킨 다음 맑은 술만 병에 담 는 방법도 있고, 2차 발효 과정을 생략하고 외부에서 탄산 가스를 주입하는 방법도 있다.

스파클링 와인은 상큼한 맛으로 가볍게 즐기는 술이므로 약재로 만든 술보다는 살구, 복숭아, 사과 같은 과실로 담근 술로 만드는 것이 좋다. 1ℓ 용량의 병을 탄산화할 때 필요한 설탕의 양은 10g 정도이다. 즉 효모가 설탕 10g을 이용하여 탄산가스를 만들어내면

샴페인, 스파클링 와인 만들기

맥주 정도의 탄산 압력이 된다. 과실주의 재료인 과실에 기본적으로 당이 포함되어 있고 술을 만들 때 설탕을 첨가하였다면 굳이 탄산가스 생성용 설탕을 넣어줄 필요는 없다. 과실주는 보통 알코올도수가 20%가 넘기 때문에 2~3배 희석해야 알코올의 삼투압에 따른 효모의 사멸을 막을 수 있고, 알코올 부담 없이 가볍게 즐길 수 있다. 용기는 꼭 탄산 압력을 견딜 수 있어야 하므로 탄산음료 페트병과 같은 용기를 사용한다.

효모(건조효모)는 마트에서 구입할 수 있다. 와인용 효모는 술 관련 쇼핑몰에서 구입할 수 있으며, 마트에서 판매하는 제빵용 효모도 사용할 수 있다.

재료 : 과실 리큐어 500㎖, 효모 5g, 생수 600㎖, 1.5ℓ 탄산음료 페트병

1 미지근한 물(약 150㎖)이 있는 컵에 효모를 넣고 30분 정도 둔다. 효모를 안정화하는 과정으로 술에 바로 건조효모를 넣어도 된다.

2 깨끗하게 씻은 페트병에 과실주(리큐어) 500㎖와 생수 600㎖를 넣는다. 과실주와 생수의 비율은 술에 따라 다르기 때문에 기호에 맞게 조절한다. 과실주의 알코올도수가 약 20%라면 이 비율로 물을 첨가하면 약 8% 탄산술이 만들어진다.

3 1에서 만든 효모는 20~30분 지나면 부풀어 오른다. 과실주와 생수를 섞은 페트병에 효모를 넣고 상온에 놔두면 2차발효(탄산화)가 진행된다.

4 2차 발효 기간은 주위 온도와 술의 상태에 따라 다르다. 페트병을 손톱으로 눌러보아서 들어가지 않을 정도로 단단해지면 냉장고에 넣어서 숙성시킨다.

퇴근 후, 술 담그기

초판1쇄 인쇄 2023년 02월 14일
초판1쇄 발행 2023년 02월 21일

지은이 공태인
펴낸이 최병윤
편집자 이우경

펴낸곳 리얼북스
출판등록 2013년 7월 24일 제2020-000041호
주소 서울시 마포구 월드컵로10길28, 202호
전화 02-334-4045 팩스 02-334-4046

종이 일문지업
인쇄 수이북스